박춘묵 시집

찬찬히 읽는 글

2025. 3 슨재

GAP

작가의 말

인생
망 팔십 앞두고
걸어온 길 뒤돌아보니
한 세상 살아온 날이
어느 봄날
달콤한 꿈길 같으니

결핍도 행, 불, 아니고
풍요도 행, 불, 아니었고
신병 또한
행, 불, 아니었네

그 또한
나를 다스리게 한 것뿐

이제 저물어가는
노을녘에서
내 사
生前이 두렵지 않았으니
死後도 두렵지 않다

이 세상 만나
四季의 아름다움을
흠뻑 느끼며 살았고
나의 무대에서
나의 춤췄으니
차 암 잘 살아온
한세상이었네

온갖 도 남용하면 천하게 된다 _쓰체_

스산한 가을밤 저 내리는 낙엽 소리 들으며 _쓰체_

침묵은 소리없는 신비 이다 _쓰체_

봄안개 속으로
봄꽃 흩어지는 소리
                    25.상제

가을엽 빛이 지창에 부딪치는
     그림자 즐기며
                    25.상제

애틋이
    그대가 되지 않을게
                    25.상제

무비공?
여공은 콧구멍이 없다
　　　　　　　　　25수제

心身이 스랗는
탐욕에 걸린사람
　　　　　　25수제

자탄받 삶을사는
질서 망각명 걸린 사람
　　　　　　　　25수제

소유욕에 걸리면
마음이 번거롭고
잠자리 불편하다
　　　　　　그냥 스쳐

사라울수 아는사람
길마다 천국이다
　　　　　　그냥 스쳐

산초록 산길 홀로 걷는데
봄바람 한자락에 나뭇잎
품는다
　　　　　　그냥 스쳐

행복도 불행도
마음속 이야기다 　간수제

꽃은 향기로 나비
부르고 나비는 향기따라
꽃을 찾는다 　간수제

半上事 半羊
오르막 내리막은 반반이다
　　간수제

큰 바위는 큰 그림자
작은 꽃은 작은 그림자
　　　　　　　　　　고은 노래

많은 만큼 번거롭고
성근 만큼 한가롭다
　　　　　　　　　고은 노래

눈 보는 것은
댓가를 요구한다
　　　　　　　고은 노래

욕심은 어린 만큼 평화롭다
　　　　　　　　　　　고수재

편리함에는 위험도 따르고
이로움에는 해로움도 있다
　　　　　　　　　　　고수재

가슴으로 살아 있음의
소중함을 느께 봐야지
　　　　　　　　　　　고수재

"출발승 만행 떠남이
설레고도 경쾌해 2수제

"침묵은
궁에게 보내는 친묘한
노어 2수제

커라는 꼼꼼봉터지는
흥중모리 들는다 2수리

천지에 타오르는
이 봄을 어이 할꺼나
　　　　　　　　　　　25송계

내가 살아 있음이
　경이 이다
　　　　　　　　　　25송계

고우는 곱디 고운
꽃모습 안아 보며
　　　　　　　　　　　25송계

코로는 쑥 향기 맡아보고
몸으로 햇볕 맛보며
          김승희

미친 봄날!
사방 둘러봐도 온통 꽃천지
          김승희

꽃 진다 애쓿다 마라
그 자리 열매 맺는다.
          김승희

봄바람에 피는 꽃
봄바람에 꽃 진다
　　　　　　고은제

봄비 오는 날
무현금 소리 듣는다
　　　　　　고은제

폭풍우와 함께
춤출 오상을 뿐이다
　　　　　　고은제

말았이 들음없이
침묵의 심연으로 들었다
                    25 슨제

눈비,
차거운 가슴에
첫 눈병이 내린다
                    25 슨제

무문관,
밖에서 잠겨주길 바라지않고
스스로 안에서 문 잠겼다
                    25 슨제

벚꽃 후루룩 날아간
뒤 연두빛 새초록이 피어 _강송제_

참 참 싱그한 신록바람
반짝이는 새소리 _강송제_

봄비에 눈떠오는
꼬물 꼬물 연록들 _강송제_

새소리 반짝이
설익은 바람 청유리 하늘
　　　　　　　이수재

어둠 몰아내고
삼월 꽃세상 이루네
　　　　　　　이수재

독 속에서 피어난
우담바라 꽃향기
　　　　　　　이수재

4월의 바람과 꽃
새풀잎은 이야기
25 수제

책에서 배웠다면
실증하여 참을 익혀라
25 수제

4월!
연못은 새옷 입고
산 산마다 푸른 가지
25 수제

고독한 자리는 올곧이
나로써 존재할수 있다.
　　　　　　　　　　　관제

침묵은 소리 없는
설법이다.　　　관제

떠밀려 사는 삶보다
개척하는 삶을 산다.
　　　　　　　　　관제

정신이 아름다운 사람은
늙어도 아름답다.
25년제

마음은 마음으로 얻는다
25년제

외로워도 外하지 않게
25년제

숨은 얼마나 황홀한 것인가
어둠을 풀어헤쳐 꽃빛 같은
숨 — 강세기

배워서 아는것은 기억하는
것이고 실행해 깨달은
것이 아는 것이다 — 강세기

가슴에 빛을 품었다면
말어없어도 빛날 것이다
강세기

法 내뿌은 천하에 가득하고
인과의 法果는 피고진다
　　　　　　　그는 녹제

마음이 가난하면
한간 방도 자유롭다
　　　　　　그는 녹제

네가슴에 꽃을 품었다면
말없어도 향기 난다
　　　　　　그는 녹제

지금을 알뜰히 살면
한생도 알뜰한 생이다.
　　　　　　고은제

아름다운 사랑은
생, 연이 구밈없고
몸과 맘이 꾸밈없다
　　　　　　고은제

앎만 있는것 보다
행동함이 중요하다.
　　　　　　고은제

순수한 아름다움엔
철벽도 녹아 내리리
　　　　　강수제

천국과 지옥의 주소는 같다.
　　　　　강수제

외로운 가슴에 채워야
할것은 아름다움이다.
　　　　　강수제

스스로 무거운 자는 남을 높여 준다   갓쉰제

떨어지는 빗소리 천상의 음악인양 연꽃에 가득하다   갓쉰제

달빛이 봄비처럼 내리는 밤 빈 오솔길에 휘는 것처럼 상이고   갓쉰제

운명이 척박할수록 가슴은 뛴다 _강석제_

날개가 元하는 길이다 _강석제_

한쪽이 비어 늘어진 한 절름 발이로 피는 꽃 _강석제_

그리움이란 향기품고
눈물 흘리며 서있는 꽃
　　　　　　　　　강수제

외다리로는 설수없어
숨이 목마른 길
　　　　　　　　강수제

늘 향기 날려 결따
채우려 운다지
　　　　　　　　강수제

결핍으로 피어나는
사랑이라는 꽃 _갓혜_

난파해 넘지나면
지해의 푸른 싹 돋는다 _갓혜_

아름다워라 산새는 산
에서 들새는 들에서 _갓혜_

그 드름! 봄바람에 몸풀때
그 형체 벗고 떠나는 자유
                            沃瑞齊

꽃 잎 위에 봄바람
         나비 춤추고
                            沃瑞齊

석양은 山寺 품고
산사는 梅香 품고
                            沃瑞齊

금둔사 홍루 그 처마에
왕흔이 붉다 〜간듯제

제 힘에서 얻은 말은
채 염 해서 들어야 한다 〜간듯제

행복에 자만 말라
그 속에 불행도 있을터 〜간듯제

마음이 고요해 지면
천지의 소리 듣는다
　　　　　　　　　고산 수제

원만 하면 종이 된다
　　　　　　　　　고산 수제

꽃이 되고 싶으면 향기를
날리고 별이 되고 싶거든
어둠을 밝혀라
　　　　　　　　　고산 수제

나는 꿈꾼다
그 속 격높은 아름다움
                        간송제

어찌 세상 여러렁을
        내 탐하랴
              간송제

지독한 고독이 묶는다 해도
그네가 품을건 청산 흰구름
                        간송제

오직 이겨낼것은 너 자신 이다
2단계

정원을 이미 넘긴배는 잔 파도에도 위태롭다
2단계

패자는 변명만 늘어놓고 승자는 묵묵하다
2단계

뱀은 포효로 독하다
　　　　　　　　　김성제

한 번도 느끼다 갈 뿐
　　　　　　　　김성제

위 영은! 과목을 부려도
　 과목인줄 모르는데 있다
　　　　　　　　　김성제

하던기도 멈추고 목마른
자 앞에 물 한잔 내놓아라
                    고승제

만나는 이들 가슴에
    꽃씨를 심자
                    고승제

육체 포로보다 더 무서운
    정신 포로도 있다
                    고승제

사랑을 해야할때 사랑을
하지 않는 것도 죄악이다
　　　　　　　　　　　과스체

운명을 결정짓는 원리
　　　　가치관　　과스체

의식에도 관성이 있다
　　　　　　　과스체

삶은! 어렵거나 즐겁거나
모두가 그리움 된다
25 속제

그 화 악 피엇다 후루룩 지는
그 꽃 같은 人生
25 속제

그 헌세상 느께다 갈뿐
25 속제

진실은 꽃보다 향기롭다
　　　　　　　　　　그는 누제

생이라 생각받고
제함한다 생각하자
　　　　　　　　그는 누제

바르게 생각해야 바르게
산다
　　　　　　　그는 누제

곱게 살아야 곱게 늙고
맑게 살아야 맑게 늙는다
　　　　　　　　　강형제

세상은 약속으로 연결하고
행함으로 이루며 산다
　　　　　　　　　강형제

습慣을 바꾸면 세상이
바뀐다　　강형제

그 귀한 가치
빛나는 靈의 生 관혜

행복과 불행은
관점이다 해석차이다
관혜

영혼속에서
행복을 찾자 관혜

전체를 봐야 하나를 알고
하나를 알아야 전체를 안다
  강추제

나르는 화살의 궤적을
보면 낙착점이 보인다.
  강추제

책 속에는 그림자 만
있고 진리는 현장에 있다
  강추제

땀흘려 일하는 곳이 꽃같은 곳이다 　　　간수제

철학은 해석에서
진리는 인과에서 나온다 　　　간수제

철학은 해석에서
진리는 인과에서 나온다 　　　간수제

오늘의 실패가 내일
축되는 양도 있더라
                    간수재

오류를 두려워 말고
실행하지 않음을 두려워 하라
                    간수재

나는 가치관으로
나를 바꿔 간다.
                    간수재

이론은 편도에 가깝고
현장은 다중로가 있다
                    강수제

재물이 많다 해도
눈 밝은 만 못하다
                    강수제

기억력에는 씨를 못 놓여있고
이해력과 상상력에
  꽃이 가 핀다 강수제

춤이란 음악이다
그저 장단 그리고
쉼표가 있는 강수제

눈에다 열쇠 쥐고도 문앞에서
서성이는 그 닮은 인생아 강수제

自由가 그립거든 외로움도
풀고 사랑이 그립거든
미운 맘도 풀어라 강수제

自然은 자비하지도 않고
포악하지도 않는다   2주 숙제

축적된 경험속에는
지성이 자란다   2주 숙제

의식에도 관성이 있다
                2주 숙제

돈으로 산 명예는 향기 없는 조화이다.   관제

바람따라 모인구름
바람따라 흩어진다.   관제

나이 들면 정신으로 살자   관제

시련 속에 피어나는
꽃의 향기
　　　　　　　　　　　고은제

거문고 여섯줄은 평등치 않아
아름다운 화음이 있다
　　　　　　　　　　　고은제

생명의 평등은 참으로 귀하나
능력의 평등은 참으로 저주다
　　　　　　　　　　　고은제

실패를 두려워 말라
실패 통해 성공한다
　　　　　　　25수제

거대한 창강도 작은
옹달샘부터 시작된다
　　　　　　　25수제

메달은 일등에게 주지만
기립 박수는 감동을
주는 자에게 보낸다
　　　　　　　25수제

비쇼바 아름다운건
　　눈물 있다니.
　　　　　　　괴테

낯설요 한 것을 버리면
　　맑아진다
　　　　　　　괴테

제3의 　행복은
아름다운 상상력이다.
　　　　　　　괴테

봄볕을 다포트 펴고
추억으로 잔을 채운다
　　　　　　　　강수제

반노은 질서의 꽃이다.
　　　　　　　고수제

그리움이 팽팽해지면
숨었던 눈물 눈가에 그렁
　　렁
　　　　　　　　24 수제

침묵은 妙說이다.
24세제

홀로 살아 만족하니
이만하면 최상아닌가
24세제

타인과 비교말고
自己일에 만족하라
24세제

작은 가능성도 다듬고 북돋우면
꿈이 이뤄지는 꽃이 된다
24 은제

하늘맑고 바람또한
훈훈 하여 민들레 홀씨
길떠나기 좋아라
24 은제

늘 꽃만 바라보는 내
마음도 어느덧 꽃물이 들고
24 은제

얄량한 명예 취하려
이웃과 다툰 세월이
부끄러워 라.
24세제

고요한 호당 물안에 햇살
반짝이는 이슬향기 아롱
인다
24세제

고독이 발목을 묶는다 해도
내가 품을건 靑山 흰구름
24세제

질서를 어길때
不幸이 스며든다
24 수제

時间을 낭비하는건
生命을 낭비하는것
24 수제

거친 파도는
유능한 선장 키운다
24 수제

향기로운 꽃세상
나는 꽃추리　24소제

제몸도 게으르면 쉬
라고 묘지런 하면성
한다　　　　　24소제

그 톡!
어쩌다 얻은 自由
그것은 삶의 여백
　　　　　24소제

욕망의 포로는 스스로 풀지
않는한 석방은 없다
24 수제

땀 흘리는 곳이
대의 낙원이다
24 수제

찻 잔속에 풍덩빠진
春海花 한송이
24 수제

죽음은 꿈이없는 잠이다
    24 수제

봄비 내렸으니 두견화
    을 덮겠네
    24 수제

봄 아람!
아가있에 풍기는 달콘한
정   내음 24 수제

화려한 행복보다
소박한 행복이 좋아
　　　　　　　24소제

안개속 저 菊花
몸이에 젖네
　　　　　24소제

菊花！
첫 새벽에 피어나는
어기를 꽃이여 24소제

독!
무거운 잿빛 시간이 거미줄에
걸려 미동도 없다
24 수제

봄이 오는 뒤진 저편에
홀로되는 寂寞한 한송이
24 수제

노력이 능력이다
24 수제

흙수채는
인 화선지이다
    24 승제

행복도 그정되면
행복인줄 모른다
    24 승제

꽃이 얼굴이라면
향기는 마음이다
    24 승제

남을 속이는 것은
自己를 먼저 속이는 것이다.
 — 24 송제

自身에게 떳떳하라.
 — 24 송제

앙열어 한마디는
꽃처럼 향기롭고
 — 24 송제

맑은 물은
흔적이지 않는다
　　　　　　　　과 스제

아이야 달그슬라
횃불 거두어라
　　　　　　　　과 스제

봄밤 梅香에 취하나니
무릉도원이 어디메가
　　나에게 묻지마라
　　　　　　　　과 스제

꽃은 어둠에 보일 엄짜는데
梅香에 醉한몸 가누기
 힘계위라   24句제

찬바람에 몸씨ㅡ
달빛에 피는 梅花
                24句제

세상에 의미 없는것은
아무것도 없다
                25句제

清貧寒士 초옥 마당에
함초롬히 되는 梅花꽃
　　　　　　　24 소제

찻잔 속에 되어나는
시린 梅花 香 24 소제

꽃샘추위
극간 열쇠 건네주기 싫은
시어미의 싸늘한 눈초리
　　　　　　　24 소제

감사함 속에
행복이 있다
25 주제

봄날!
폭비 내린뒤 땅을 밀고
오르는 연목 새움들
25 주제

봄날?
가부좌 틀고 앉던 동안거 풀고
세상에 한소식 전하는 날
24 주제

향기따라 왕넌이 매화
꽃동산 2수제

재물에 自由로우면
굴욕을 면한다. 2수제

죽음에 自由로우면 두려움을
면—한다. 2수제

삶에 답은 없다.
내 삶은 내가 만들어간다
— 2독서제

한 번만 낙서하여도
온몸에 향 번진다
— 2독서제

붓에는 연기가 없고
펄에는 연기가 있다
— 2독서제

영생이란 지독한 형벌이다
                    강신재

가장 큰 슬퍼지는
          줄슬   참이다
                    강신재

허공에 책은 지문도
   지위 지지 않는다
                    강채

지나친 행복 추구는
불행을 부른다 간세

빛이 있는 곳은
반드시 어둠도 있다 간세

채울수 있음에도
채우지 않는 만만함. 간세

사후설을 믿는 것은 아직도
전통설을 믿는 것이다.
　　　　　　　　과도기

나는 복한다
그로 존재한다.
　　　　　　24세

홀로있어 외로운 것이 아니라
하나 되지 않아 외롭다.
　　　　　　24세

폭섬!
그 향기어린 作曲家의
무작위로 갈겨내린 서사시
— 24 스제

하루가 천년 같고
천년이 하루 같은
영혼의 時여!
— 24 스제

올때 그냥 왔으니
갈때 2냥 갈것을
— 24 스제

봄 빛 꽃망울
봄비 맞고 눈부셨다
　　　　　24 녹제

님께서 주신 차잔속에
향기까지 주시옴은 무슨
연유 이옵니까
　　　　　25 녹제

경치＆ 소리에 들려오는
천지의 숨소리
　　　　　24 녹제

가슴속 향기같은 말은 서로
잡은 가락껜 손과손에
주   받으며 24소제

그 열 판따라 돌고있는
잠들지 않는 꽃향기
24소제

달빛따라 외로이 흘로가는
나그네 발자국에 고이는
차거운 달 빛 24소제

황혼속으로 남은 흔적
제자에 어디간데 바뻐
는가 24 수제

山 벚꽃 두둥실
봄 山 에 띄워놓고 24 수제

내 靈魂을 담금질해
영성을 밝히고 져 24 수제

내 영혼을 봄 향기로
물들이 ─ 쉼에
24세제

들리는건 새새소리
보이는건 ～ 벚꽃
24세제

靑山허리 ⓒ 쿨이쉬어
～ 얼구름 너울너울
24세제

낯서른 관계속에도
외롭지 아니할까
　　　　　　24세

자뻑적 ─ 독도
　　ㅇ력이다
　　　　　　24세

봄바람 꽃바람
사랑낭숫결
　　　　　　24세

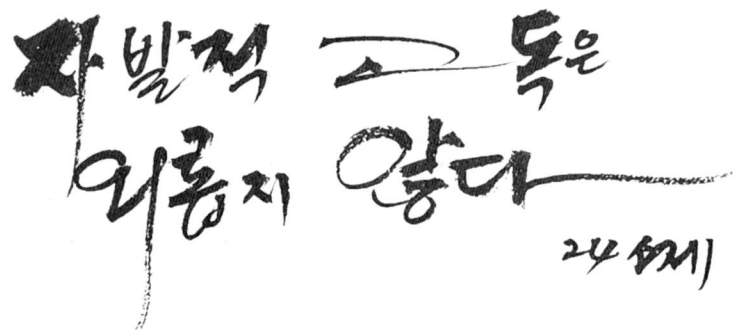

자발적 고독은 외롭지 않다
24주제

眞心이 감동시킨다
25주제

보석도 알아볼 때 보석이 된다
25주제

낙화 —!
찻물은 떠나고 빈잔엔
향기만 맴도네
                        24세제

경찰 — 개구리
앞걸음이 서툴구나
                        24세제

선암사 천년 古梅에
반짝이는 매옹의 기침
소리
                        24세제

매화 동산에서 들려오는
늘 향기로운 봄바람 노래
24节제

어물어진 토담 위에
피인 채송화
24节제

봄볕에 피는 꽃
보려 오랜 기다림
24节제

겨울이 가혹 그 혹수록
꿈은 찬란 하다
2호 6세

저 너머를 상상 하는건
시 니 인간의 특권 이다.
2호 6세

봄! 계절이 주는 축복보다
큰것은 어 있다.
24 6세

감사하는 마음에는
날마다 봄날이다
24 소제

봄밤은 깊어가는데
어느향기에 잠못이루나
24 소제

바람 차면 짙아 등초
아람 익면 휘 수리
24 소제

나에게 다가온 그에게
그 향내음으로 감싸 매
24세제

꽃잎 지는 봄밤을
남그리워 뒤척이네
24세제

그 교한 달빛타고
춤추는 봄꽃 향기
24세제

의문이 였다면
아는것도 어. 다
　　　　　　24 세제

봄이 내리더니 淸山엔
봄꽃이 은하처럼 피어
나 니
　　　　　　24 세제

淸山에 봄비 내리면
漢水는 봄노래 한다.
　　　　　　24 세제

선암사 천년 古梅
그대 늙어 욕심없어
몇 송이로 족하는가 24 소제

봄비 하늘이 내리는
꽃잎이다 24 소제

봄이는 처마 끝에서 울고
차茶는 돌솥품에 우누나
　　　　　24 소제

봄이 내리면 山과 들에
꽃 벼이 뜬다 _그녀_

봄밤은 향기로워라
달빛에 피는 꽃들 _그녀_

어이 오빘니 작은 새야
지난 추운 겨울 _그녀_

88 아포리즘

봄: 햇살에 고운데
얼써 녹아라네요
                    과 소재

봄이 온다.!
아름다워라 하늘과 땅
이여
                    과 소재

찻물은 봄비처럼 하얗
어엿이 흘는데   과 소재

봄비는 소곤소곤 내린다.
애기잎들이 놀라지 않게
　　　　　　24 소제

달은 떳건만 구름속에
잠들고　바람은 불어도
풍경은 울지 않네　24 소제

法!
태풍이 불어오면
풍경은 몸부림 친다
　　　　　　24 소제

건강한 마음밭에
건강한 몸이 자란다
　　　　　　24노래

새가 슬피울어도
바람은 사납게 불고
　　　　　　24노래

안개속에 잠긴 내寺엔
그 오만 가득하네
　　　　　　24노래

경쟁에서 얻는 행복은
위태로운 행복이다
24 삼제

뇌는 自然스럽지
못할 때 일어난다
24 삼제

욕심에서 얻는 행복은
피곤한 행복
24 삼제

92 아포리즘

淸山을 春은
유월 비 안개
24세기

행동하라 그것이
운명이 될 것이다
24세기

그래서 목표를 갖어라
행동이 나올것이다
24세기

覺醒을 각성하라. 그러면
목표가 나올것이다
24세제

노력 ~ 맞는
행운은 제주다
25세제

향고운 찻잔속에
푸른 青山~ 피워나네
당세제

槿花!
첫 새벽에 피어 나는
아름 꽃이여   25세

봄 바람!
아가 입에 풍기는 달큰한
젖 내음   25세

질문하라 질문하라
지혜의 문 열리리니
            25세

행복도 가득차면
행복인줄 모른다
2. 세

사후 설을 믿는것은
전동설을 믿는 것이다
25. 세

운명 환경 남탓 말고
현실을 극복하라
25. 세

삶의 의미는
극복하기 위해 태어났다
　　　　　　　괴ત 로제

꽃이 얼굴이라면
그 향기는 마음이다
　　　　　　　괴 로제

앙 열어 한마디는
꽃처럼 향기롭다
　　　　　　　괴것 로제

이 땅에
다시 오고 싶지 않지만
유월 치자꽃 핀다 면야..
24 소제

비개인 青山에 기별
어엉이 찾아온 白雲
24 소제

안개속 叢설이 헤치며
백리 山길 멀다 않고
  내 벗이 오네
24 소제

어제도 내일도 맞고
오늘이 최고의 날이다.
24 능제

一萬권의 새 책이 앉고
방이면 달님이 찾아
오다오   24세

홀로 드는 찻자리에
다옴도 안개비처럼
24 능제)

비 젖은 풀숲에서
돌아오는 귀뚜리 24 소제

벗 소제 아잇으니 빈
찻잔엔 가을만 가득 24 소제

눈물마저 말라라
어둠 헤쳐 24 소제

독 속에서
自由를 누린다
24 소제

가랑이 우는 소리
어느 님의 속울음인가
24 소제

銀사실 달빛 받으며
고요히 앉아 차를 마시네
24 소제

앞山 푸르고
아람 지리 밝으니
　　　　24세제

이슬맞아 몸씻고
달빛에 지는 향기
　　　　24세제

法堂 처마 끝에 潛水 홀로
실바람 하네
　　　　장세제

茶잔은 꽃을 품고
차향은 흐른다
　　　　　　　24 た제

自然의 언어에
귀 기울이
　　　　　　　24 た제

꽃 송이가 法典
한 권이다
　　　　　　　24 た제

비난이 있다 해도 수치는
바람으로 흘려 보내고
	24세제

그리움이 하늘에 닿으면
꽃으로 피어날까
	24세제

세상은 결핍 하기에
역동 한다
	24세제

안개비 내리는데 처마끝에
떨어지는 외로운 눈물
24송제

사는 것도 바꿔서
흔적도 지우면 간다
24송제

저 수량이 넘어서면
수문을 열어라
24송제

기운 무명옷 한벌에도
淸山의 향기
24소제

예술은 인간을 인간답게
살수 있게 한다.
24소제

예술은,
그 통을 잊게 하는 위안
이다
24소제

예술은
모든 행위의 꽃이다
　　　　　　　　　그냥 수제

예술은
靈魂의 東窓이다
　　　　　　　　　그냥 수제

꽃밭엔 꽃이 있다면
인간에겐 예술이 있다
　　　　　　　　　그냥 수제

좋은 말 하나라도
쓰임따라 보석이된다
24수제

살아보니!
살 별것아니네
24수제

꽃밭에 머물다 온 바람은
향기롭다 24수제

바람의 춤사위에
풍경은 노래한다
24 소제

언어의 境界가
그대의 정신 경계다
24 소제

언어의 낱들이 식어
갈무렵이 노인의 시작이다
24 소제

언어를 잃지 않는것이
세상을 잃지 않는것이다
24 수제

행운은!
개인 정선에 잠한다
24 수제

비 개인 하늘에
뜬구름 한점
24 수제

가슴에 지지 않는
향기로운 꽃 한송이
  24 스케

淸風이 말없이 찾아
들면 간다 말없이 떠나는
  雲   24 스케

안개비에
젖어우는 山有花
  24 스케

나이들어 늙으니
오폭 철정이 노순해참
좋다 — 24소제

삶은!
찰라의 연속이다.
24소제

나이들어 구속이 하나둘
떠나가니 참 좋다
24소제

나이들어 늙으니
어릴수 없어 참좋다.
24 숙제

나이들어 늙으니
自由로워 참좋다.
24 세

하나를 얻으면
하나를 잃게 된다.
24 숙제

허리에 횃불 두르고
우뚝 선 靑山
24 수제

고독 속에서 自由를
누리는 자는 강한 자이다.
24 수제

언어는
세상을 향한 문이다
25 수제

초록 그림자로 향그러운
숲속 오솔길 25 노제

배달음 하면
지극히 보통사람 25 노제

눈물이나 웃음이
지나고 보면 모두가 그리움
25 노제

낯선길에는 새로움이
숨어 있다
　　　　　　25도제

눈물속에 피는 꽃은
망초꽃도 화려하다
　　　　　　24도제

백년도 한순간이다
알뜰히 살뜰히 살자
　　　　　　25도제

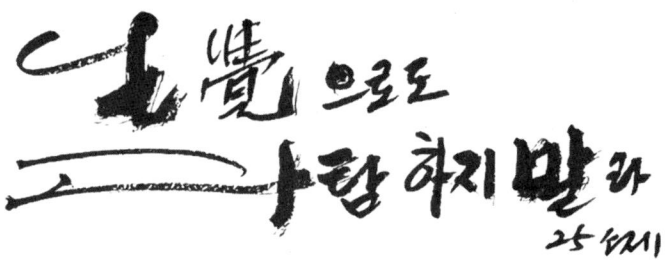

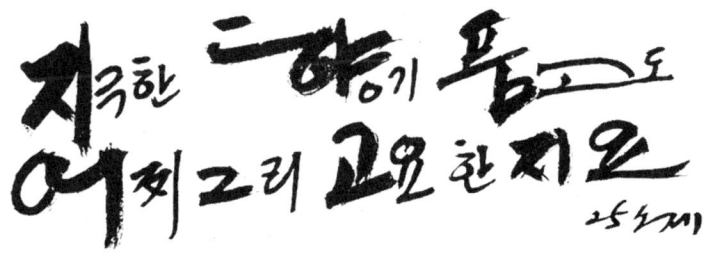

生命의 무게는
세상의 무게와 동일하다. 25소재

春風落花,
춘선검처럼 서늘한 法門 25소재

지혜는 체험에서 얻기 쉽다 2박소재

時間을 낭비하는 것은
생명을 낭비하는 것이다
　　　　　24소제

멋 있는 잔 人生에는
　　향기가 어렸다.
　　　　　25소제

오늘의 그대는
그대가 살아온 결과다.
　　　　　24소제

보아라 주막보다
마음의 향기 날려라

靑山 白雲 머무는 곳
깨끗하다 산다네

淸山에 회음 둥둥
山에 벚꽃 피었다

극락도 천국도 진달래
피는 봄길만 하라
　　　　　　24 수제

落花!
눈부신 삶도 미련없이
놓고 떠나는 꽃잎들
　　　　　　24 수제

自然은 목적없이
　흘러 간다 24수제

행복이란,
살어있는 상태
	24 수제

거미줄에 걸린 봄
꽃잎이 울고 있네
	24 수제

꽃가지 흔드는 봄바람에
샅풀이 춤추며 내리는 봄
	24 수제

自己 행위의 결과는
자기 것이다
　　　　24세제

하루 살이도 코끼리를
미치게 할수 있다
　　　　24세제

향기로운 봄밤
東山에 달 떠오면
　　　　24세제

내려놓은 찻잔속에
홀로 가는 희구름 2행 녹제

봄햇살 아직 그 운데
봄바람에 흐화되는
매화 그 한송이 2행 녹제

안개가 靑山품고
젖비 그 어리면
2행 녹제

수줍은 꽃잎에 달빛이
　　　내리네　　24 5제

青梅花 노던자리
　　향기만 휘-도네
　　　　　　24 5제

봄밤!
수줍은 꽃잎에 달빛
　　　내리　　　24 5제

밤눈은 그리움처럼 땅에
만 가고 찻물도 시름시름
아—— 외워 간다
　　　　　24 수제

집착 없는 몸과 마음
時 空 間에 훨훨 나네
　　　　　24 수제

홀로 듣는 달냇차가
신경에 들게 하느니
　　　　　24 수제

눈이 내린다,
아슴한 원경들이 숨는다
　　　　　　　　24 습제

봄왔다기에 월던사경 밀쳐
두고 봄 찾아 나섰네
　　　　　　　　24 습제

아! 이새벽의 팽팽함
폭설뒤에—끼 피어날
송화의 긴장이였네
　　　　　　　　24 습제

아름다워라
하늘과 땅이여!
　　　　　 2424체

마음의 彌陀 함을
스쳐 간다
　　　　 2424체

암흑에는 멈춤기가 없었어
반드시 타열한다.
　　　　 2424체

128 아포리즘

풍경이 나직이 울리면
들리는 건 淸聲하나
24수제

조용히 홀로 앉아 봅소
흐름을 바라본다
24수제

淸風은 기별없이 찾아들고
白雲은 말없이 떠난다
24수제

내리락 아름리럼
앉는듯 어엇는듯
24.5재

한세상 살아온 이야기도
밤하늘 유성처럼 흘러
가————고
24.5재

삶이 그 깊은건
가끔 뜨거운 희열을 맛
보기 위함이다 24.5재)

짖을 때 보다
으르렁댈 때 무섭다
24 노제

낯선 것은
닮음에 빈다
24 노제

참 아름다움은
꾸미지 않는다
24 노제

이른 봄 햇살 감미로와
꽃 한잔 내어본다
  24 5제

그리움은 철솥속에 애끓고
봄햇살 부드러워 찻물
  끓이네   24 5제

꽃피어 좋은 날 淸風이
부는 노래 향기롭구려
  24 5제

어리라!
人生부가 靑山흰구름
　　　　　24소제

글동자는
바음 그엄자리다
　　　　　24소제

그 득동도
法이다　24소제

春風에 속아핀
梅花가 애처롭다
 24세

정신이 건강하면
그 몸도 건강하다
 24세

오래지낢은
맢아있어도 빛난다
 24세

창 밖엔 白雪이 날리고
茶室엔 LP레이블 梅花
피었다 — 24 한제

立春바람 촉살시러도
梅花는 터지는 웃음
참을수 없었나봐.
24 한제

眞實은
당당히——다
24 한제

꽃을 선물하면
마음엔 향기 고인다
　　　　24 노제

찻잔에 봄볕이
반짝이네
　　　　24 노제

삶은 추억을 배고
추억을 배설한다
　　　　24 노제

안개속의 梅花
봄비에 젖네
                    24 수제

사람도
自然의 일부일뿐!
                    24 수제

가짜는 향기가 없다.
                    24 수제

붉은 바위 틈에 古梅
한 송이 〃〃수제

노송이 볼그레 피는 얼굴
눈에 박힌 梅 한송이 〃〃수제

春 물은 혁명속에 바빠
우는데 차나눌 벗님 소식도
         오 네 〃〃수제

그 흔함도 佛法이다.
23 년제

살다간 흔적은 없지만
향기는 천하에 가득
23 년제

흰눈처럼 내리는 겨울달빛
흔적없이 찾아드는
마음 23 년제

自然그 스럽게 살자
　　　　　그녹재

사랑하면 꽃이 핀다
　　　　　그녹재

봄안개 자욱하여 靑山도 숨어들어 들리는건 계수소리
　　　　　그녹재

아름다워라 향기로 가득한 세상 25년제

바르고 맑은 사람은 그물에 걸리지 않는다 2년제

아련한 그향기 되는 그리움 25년제

마음이 가벼우면
한간 방에도 自由롭다
　　　　　　24 세기

法 속에 머물면
　경안 하다
　　　　　　24 세기

마음으로 마음을
　닦는다
　　　　　　24 세기

아름다움을 느끼는것은
행복을 누리는 것
24 수제

꽃다운 반노이
허 —— 그리고와서
24 수제

보이는 아름다움과
느끼는 아름다움
으로
24 수제

늙은 찻잔에
내리는 찻물소리
                        과 소제

앎은 깨침만
못하다
                        과 소제

自己 삶에게는
自己 노래를 들어라
                        과 소제

간절함이 기도다.
　　　　24세제

홍안 백발에
쪽 웃는 저 미소
　　　　24세제

내맘은 채울수록
행복은 짱비례 한다.
　　　　24세제

이름 닿지 마라
이름에 갇힌다.
　　　　　24 노제

물잔은 소유할수록
갈증이 난다
　　　　　24 노제

모든 사람은 如法하다.
다만 果가 다를 뿐이다.
　　　　　24 노제

임자 잃음은 찾잔이리
하늘만 가득하여라,
　　　　　24 소제

가는 겨울도 아까워라,
눈덮인 치마에 흘리는
　　　눈물　　24 소제

世上은 눈속에 묻혀
아들처럼 孤寂히
　　　　　24 소제

늘늙은 靑山이언
綠音이 가득하네
24세

말보다 그림자로
보여준다
24세

쉬운 언어로 말하며
몸과 마음을 낮춘다
24세

黃土房 위목 횃령속에
찻물은 　 대하고
24 여제

나비는 낣수 앉는
하늘이 앉어 좋하라
24 여제

터돌에서도 道를
는다 24 여제

위대하라
너없는 세상   나세

이슬방울에서도
하늘기를 듣는다   나세

白雪이 내리는 庵子
뜨락에 풍경이 우는
바람 소리   나세

뜨락에 흰눈 쌓이는 소리
가슴엔 그리움 쌓이는 소리
　　　　　　　24소재

장독은 白雪을 이고
가슴엔 애 한창 품고
　　　　　　　24소재

白雪을 머리에 이고
靑松은 애이해 잠못
이루나
　　　　　　　24소재

눈 샇인 淸山에
달 빛이 가득하니
2막 6제

책은 이미 그 여었는
물이다
2막 6제

하늘은 사람을 의식하지
않는다
2막 6제

한 번 사르를
詩처럼 사르고
그림같이 사르리 23 승제

그 미소 한 자락이
千金보다 貴해서 25 승제

솔내음 배인 벽에
墨梅가 피고 23 승제

솔품언덕에 시랫발 기개로
되인 국화꽃 한 꽃송이에
향기는 급다 2등 노제

사랑은 사위려가 됐고
행복은 변질 됐으니
이제 아름다움을 가자
            2등 노제

맛있는 삶 ─ ─ ||
멋있는 삶을
            2등 노제

절제된 겸손함 속에는
깊은 아름다움이 있다.
　　　　　　　　강수제

푸른 하늘만 바라보다
　　내마음도 어느덧
쪽물 들었네 강수제

소쩍새 울어대던 밤
法堂 황촛불 몸살라
　　 눈물 흘리네 강수제

한잔의 茶를 마시면
내안에 피인 꽃도
茶를 마신다 — 23세

나비의 날개 짓에
봄 꽃들 팡 팡!
24세

내리는 봄비가 간지러워
깔깔 웃는 풀꽃들
24세

솔바람 머문 정자에 清風에
붓적셔 詩 한수 걸어두―
25소재

거목은 그만큼 굵
뿌리를 축고 앉다
24 (제)

부딪쳐 (크라
날 볼 못한 이별을 본다
24소재

어렵고 힘할수록
도전자 가슴은 뛴다
      24 토제

自然의 法聲을
들으려 한다
      24 토제

라음!
가슴속에 피어나는
하얀 꽃송이
      24 토제

내면을 다지는 길
自身을 속이지 말라.
24세

二화 된 정신의
감옥에서 탈옥하라.
24세

천국에 간다 는것은
내마음이 천국화
된다는 것이다
24세

꽃들은 비교하지 않고 自리로 당당하다
24 세

중하는 넋시 밤이다
24 세

내적 아름다움을 다지는 깊은 부끄러워 할줄 아는것이다.
24 세

나의 아픈 손가락
놓을수 없었는 그리움
24 송제

산딸 귕바람에
되새나는 梅花 한송이
24 송제

허공에는 물 없다.
마음에 기도 물없다.
24 송제

北 되라!
그 것도 法이다.
24 등재

애옥에 自由로우면
주함을 변한다
24 등재

아무리 좋은 車도
부레이크 없으면
그 힘만 못하다
24 등재

東山에 달떠오자
梅花가되네
  24 세

삶은 처절할수록
아름답다   24 세

역경과 고난이 없는
삶은 삭거운 삶이다
  24 세

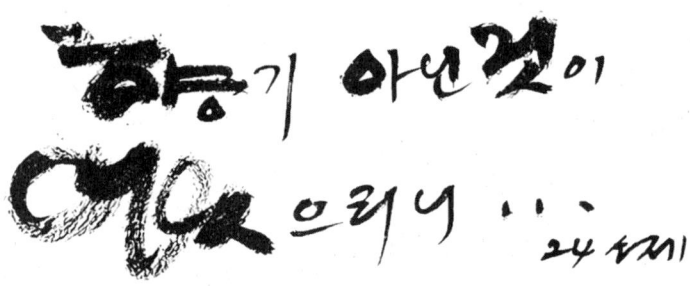

향기 아닌 것이 역사 으리니·· 24세제

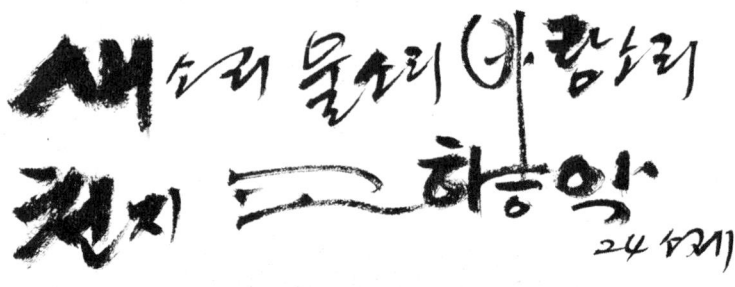

새소리 물소리 바람소리 천지 그 하늘악 24세제

꽃씨 뿌리면 꽃피어 24세제

槿花는 찾고서 달빛 머금니네 24번째

봄바람에 안겨오는 풀꽃 내음새 24번째

골골에 山벚꽃 처처에 물복사꽃 24번째

내 인생!
취하는 대로 흘러간다
24세

시련없는 삶은
아른한 삶이다
24세

행복은
즐거움이다
24세

얼음녹아 흐르는
개울물 타고 가는 불꽃
　　　　　　　24 습제

봄(붉은 치마 끝에 걸터
앉아 나비를 구경한다
　　　　　　　24 습제

달빛 밟고 가는 나그네
발자국에 고이는 달빛
　　　　　　　24 습제

녹차 한잔 마시면
온몸에 봄물 번진다
　　　　　24 소제

벗 남은 기별 없는데
請 어쩌는 처덕에 찾아 든
　　 달빛
　　　　　24 소제

바른 학생이
머리 날아 간다
　　　　　24 소제

法은 보이지 않으나 반드시
있고
                    24세

淵源 없는 폭포는
의 장원 향기 다
                    24세

뿌리 없는 꽃은
   향기 없는 꽃이다
                    24세

어머니 고운 손길로 내려
주신 茶 한잔이 그립습니다
　　　　　　24 송제

늙은 山寺 툇마루에 앉아
풍경소리 담아 차를 마신다
　　　　　　24 송제

햇茶 한잔 마시면
온 몸에 봄 빛 번진다
　　　　　　24 송제

감미로운 봄 햇살
찻잔속에 내려앉네
  24번째

잠잠이 벚꽃 머리위에
안개비 내린다.
  24번째

흰 찻잔에 내
달빛 그이는 소리
  24번째

앞서 푸르르고
바람 저리 맑으니
　　　　　　24세계

민들레 망초꽃도
自己 삶에 당당하다
　　　　　　24세계

산들 바람에 안겨오는
풀꽃　　　냄새
　　　　　　25세계

삶에!
사람의 法과 自然의
法을 다 잘 지켜라
24수제

소소함과 마음 속에서 찾는
행복이 지혜롭다
24수제

아름다운 행복은 샘물
처럼 맑맑하고 清風
처럼 맑다
24수제

행복 할줄 아는것도
능력이다   24세제

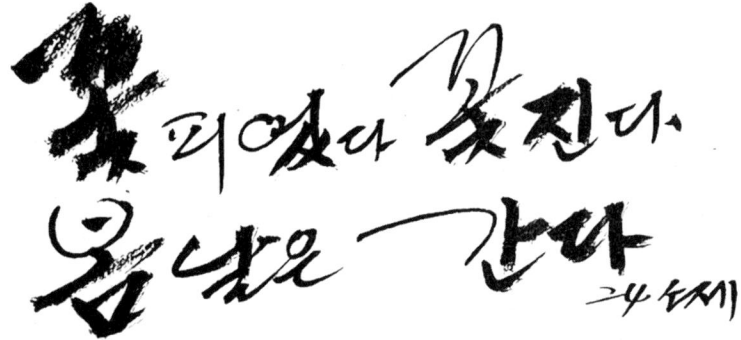

꽃 피었다 꽃진다
봄 낮은 간다   24세제

시네있어 받는은
꽃이다   24세제

꽃보다 고운건 향기다.
24 수제

꽃은 눈이 즐겁지만
향기는 영혼이 행복하다
24 수제

오늘의 껍질 벗지 않으면
내일은 오지 않는다
24 수제

어떤 어려움도
꿈이 있으면 견뎌낸다
          24세

봄 안개 걷히우고
꽃 피어 좋은 날
          24.5세

행복 하려거든
소소한 일에도 감탄 하라.
          24세

행복은 꼭
소박한 데서 찾아라
24세

비고 하지 않았다면
많고 적음 없다
24세

모험 없이는
신세계가 열리지 않는다
24세

낮에 황혼이 내려도
늘 변치 않는 그 미소
24절제

아늑한 봄밤
안개비 내리는 소리
24절제

봄빛 밝아 그윽한 빛
은비 같은 너의 숨결
24절제

첫 며느림은 봄 안개
풀잎에 앉아 눈물 떨구네
24세제

내 靈魂을 봄 향기로
물들이고 싶어
24세제

바른 사랑은 마음이
♡ 영화롭다 24세제

아직은 봄이 언데
산뜻 갈바람에 눈떠보는
낮 월매
24세제

그 남은
영육을 단련시킨다
24세제

욕망을 채우려면
自由를 포기하라
24세제

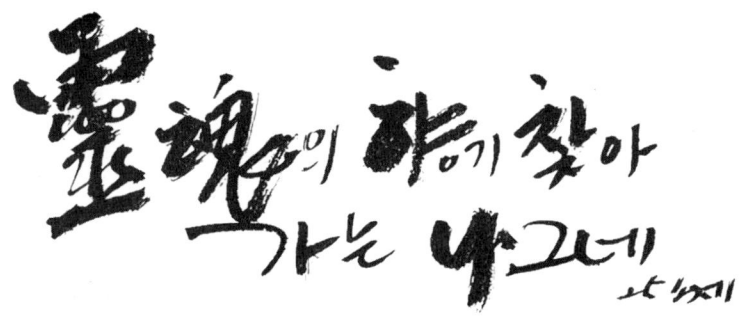

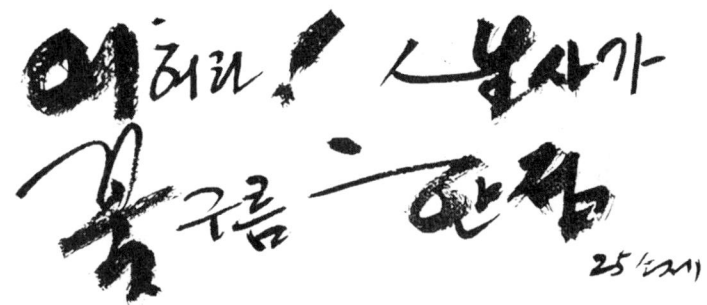

서린 설날 가지 끝에 매달린
갈잎 하나 갈길 몰라
바람에 떨고 있네 강 세

꿈 / ─ 이런
꿈 라 말이 일치한 사·람
 강 세게

梅花 한송이 띄운 잔에
찢어 보는 봄 하늘기 강 세게

벼 끝에는 꼬마이 숨어
있고 걸레에는 철학이
    여 있다   과 노재

두터운 안경 너머로 연필
들 詩를 쓰는제 노인
              2수 노재

지혜는 가르칠수 없다는것
깨 달아서 어는다
              과 노재

밤하늘에 홀로 가는 조각 달
그리움에 저린 내 마음
　　　　　　　　　　관세

꽃이라도 그 울진데
향기까지 왕근내
　　　　　　　　　　관세

꽃은 웃음으로 말하고
향기로 말하고
　　　　　　　　　　관세

향기는
꽃보다 급다

梅花 꽃지다
봄 떠나가네

혼자서도
행복하라

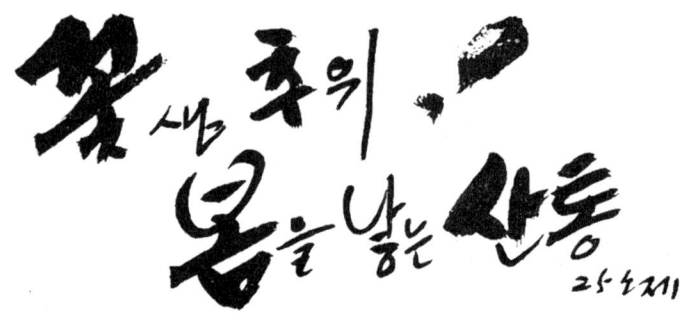

이슬모아 몸씻고
달빛에 피는 향기
                  22제

봄날이 가기전 차는
꽃잎도 춤추며 떠난다.
                 23제

아! 봄날은 간다
계수는 꽃을 머리에 이고
만행 떠나네 24제

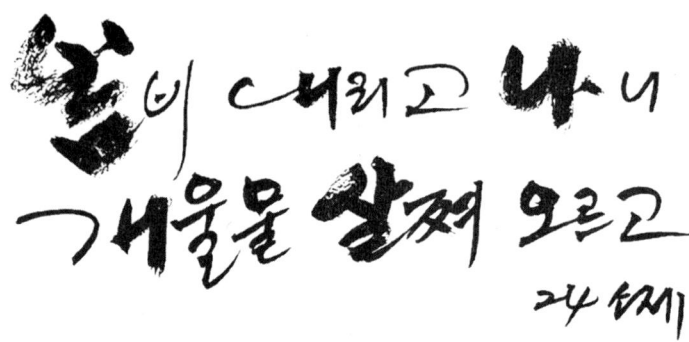

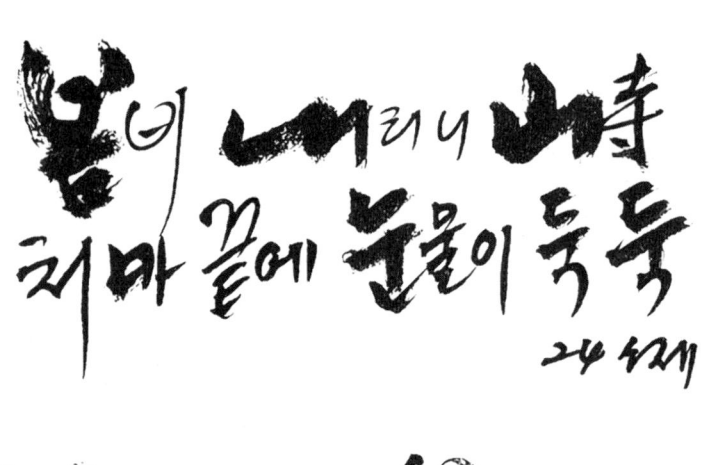

봄뫼에 피는 꽃 향기 모아
우리님 茶室에 풀어 놓으리
　　　　　　　　　　　차, 소재

달 그림자에 숨은 섬돌
새벽 이슬에 촉촉한데
　　　　　　　　　　　차, 소래

눈부시게 휘날리던 봄 꽃이
안개 속으로 멀어져 간다
　　　　　　　　　　　차, 소재

민들레는 粉함과 비교하지 않는다
                    조 오제

가을달빛이 지창에
墨畵치는 대그림자
                    조 오제

丹楓은 오래지 않아도 그에 길로 간다.
                    조 오제

가을빛 단풍 중
찾잔에 너울 너울
                    2창 5제

오늘도 한자차 내에 놀음은
    향기하나 들느끼 만나길
꿈꾸기 때문 이라오
                    2창 5제

미소와 침묵이 절반을
    나눔
                    2창 5제

연꽃 위에 떨어지는
빗방울 소리 _간서제_

앎은 자와이오
깨침은 지혜다 _간서제_

바른 사람은 소리에
놀라지 않는다 _간서제_

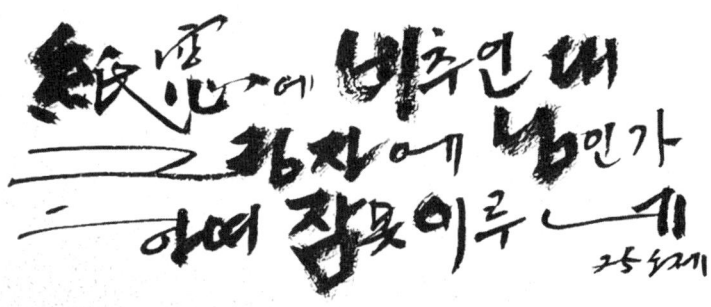

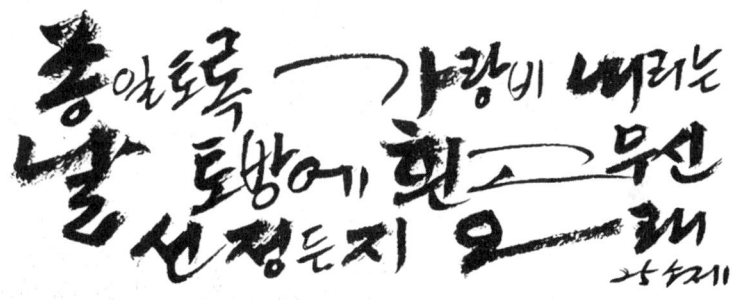

庵子 찾는 오솔길에
산새소리 가득하네 간성제

心 숲에가
참 뜨거운 슬픔이다 간성제

종교는
心理學이다. 간성제.

찰라에 머문내가
반을 보네
　　　　　23 노제

반을 넘어온 자의
가슴엔 山이 있다
　　　　　23 노제

제일 한다는 것은 보이지
않는 글을 읽어 보는 것이다
　　　　　23 노제

열등한 여우가
용을 혈 뜯는다
　　　　　　23 수제

어린 애들처럼 서러운
가을이 온다
　　　　　　23 수제

열개 흐르거나
협당 할때 움직여라
　　　　　　가쉐지

날빛이 아름다와야
빛이 아름답다. 각세

유월 초록바다에
한짝이는 뻐꾹새 소리 각시제

삶은 한 瞬(순)이나
꿈결 인것을 각세

누나 머리위에 꽃힌 진달래
종일토록 따라오는 나비 한마리 (25세)

달빛 내린 첩첩산중
옥검의 혼 (25세)

옛가지 속에서 꽃
향게 밑에 울리는 지고한
너의 靈魂 (24세)

스님이 전화 주셨다
"송제선생이 말한 一歸處
송이 작시 꽃이 피었소"
　　　　　　　　　송제

덖감고 돌던져도
一歸處에 별이진다
　　　　　　　송제

여는밤 홀로 앉어도
法을 지킨다
　　　　　　24송제

보리까실 익어 갈때
찔레향 어울 너울
25세

밝은만 앞의건
밝음을 모른다.
24세

꽃잎이 무참히 찢기워도
태풍은 무심히 불어댄다.
25세

200 아포리즘

찻잔에 자백질하는
저 뜬구름 간 노제

靑山은 안개에 안기고
찻물은 내품에 안기네
간 노제

이제는 東쪽으로 가서
도연명 만나 쉬거래사
래를 하고
간 노제

내일은 大唐으로 가서
이백과 두보를 만나 그들의
詩나 듣의 보겠오
 강선재

맑고 밝음도
아 름다움이다
 23 선재

淸水에 몸씻고
淸風에 맘씻고
 강선재

꽃이라는 첫 情

人生의 황혼에서는
아름다움이 구원한다
　　　　　　23 누제

꽃도 아름다움이요
落葉도 아름다움이다
　　　　　　23 누제

그 모험도
아름다움이다.
23수제

그 향기도
아름다움이다
23수제

그 하늘은 맑고 서러운데
눈을 속으로 떨어지는
줄지은 흰 물새 23수제

고독과 自由는
한몸이다
                      22 숙제

노후에 가장 무서운것은
내가 할 숙제가
없다는 것이다
                      23 숙제

떠나야 할때 떠나지 못한
삭풍에 떠는 마른잎 하나
                      25 숙제

높은 山寺 체바 풍경도 높이
목쉰 소리에 가래가
끓는다. 24수제

한세상 삶이 꿈길이라면
꽃처럼 향기로운 꿈꾸다
가자 23수제

일이 쉬우면
보람도 없다 23수제

風磬은 좋다 깨다
바람자면 하품을 한다
                    23 능제

네서 秋가을이 오면
저 붉은 노을 빛으로 靈魂이
을 물들이 그 싶어
                    23 능제

가을호냥 꽃자리 에
톡· 톡! 떨어지는 落葉
지는 소   리 25능제

山 감나무 붉은 열매
풍짓 앞 첫눈 머리에 이고
꽃송이로 떨어진다   25수제

가을 달 밝은 밤에
소 고 소 고 丹楓 잎
지는 소 리   23수제

꽃 비단 한 필도
한 올 빠지면 열 값에야   25. 노래

꽃 향기 피는 곳에
불나비 찾아 든다
                    23 노제

어려운 일이 기에
설레는 꿈이 된다
                    24 노제

山국화 꽃 丹楓
뽐내는 가을 山
                    25 노제

허공을 벨 수 없듯
빈 마음 해하지 못한다
　　　　25소제

노후에 스르르 잠들
꿈 하나 소원한다.
　　　　23소제

나 걸어 다 댕구는 가을
황혼의 붉은 눈시울
　　　　23소제

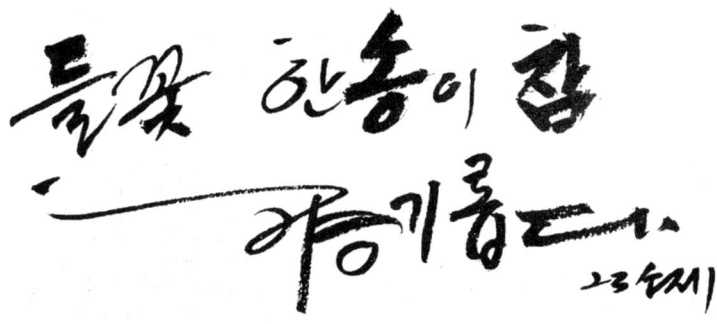

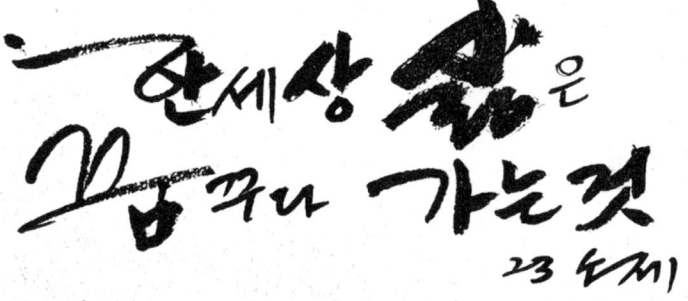

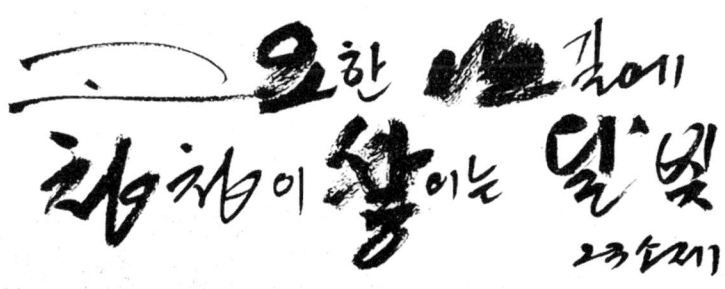

굶주린 산새에게
씨앗 내어주는 노승
　　　　　23 소제

산새는 어떤 노래를
부르는 산새 소리냐
　　　　　23 소제

달빛이 숲은 실비처럼
　내리는 도량에
石佛은 선정에 들고
　　　　　23 소제

놀에게나 비 오거나 모두가
　　　真理　　　23 노제

그 한 잔의 茶에도
蕭法이 서려앉다　23 노제

풀벌레 울음이 숨고
마지막 丹楓이 싫어이
　　　내린다　　23 노제

落엽이 흰눈처럼 펄펄
입동절이다 23 수제

풍경이 나직히울어
국화향이 스치고 가네 23 수제

허공같은 마음 밭에
맘껏 춤춰 잔치에 살자 23 수제

마음에 고요가 머무르니
여름 한낮 한가롭다
　　　　　　23 속제

내 몸짓이 염불이요
내 한마디가 기도
　　　　리다　　23속제

하늘도 가을이 왔는지
해질녘 구름도 바쁘게
듣는다　　없다.　　23속제

가끔찍 들려오는 밤새
곁에 잠든
이웅깨어나네
　　　　　　　33소재

가을건너온 나菊향이
紫房에 먼저 내려
앉네요
　　　　　　　23소재

달빛속을 가는 나그네
예불소리 들으며 간다
　　　　　　　25소재

이 망망한 우주 속에 내가
살아있음이 기적
아 ~ 니겠는가.
23 송재

내 길마다 당기는
영혼의 붉은 눈시울들
23 송재

물에잠긴 석탑위에
가을달이 춤추네
25 송재

쏟아지는 낙엽속에
마음이 흠뻑 젖었네
20노제

가을山 계곡위로 만행
떠나는 丹楓잎 하나
21노제

가을은 내靈魂을
훔쳐가는 상습범
23노제

우루루— 사태지듯
늦바람에 쏟아지는
마음 — 낭
　　　　　　　23 소제

헝먼 — 들녘에 외줄기
흰연기로 潜葉 다비식
　　　　　　　23 소제

—네 靈魂의 몸짓
가흐흐 숭배 합니다
　　　　　　　23 소제

스러져가는 풀숲에도
찬서리 내린다
　　　　　　23소제

누르고 돌고 퉁기면
거문고 여섯줄에
달빛이 튀―
　　　　　　25소제

뜨락에 내린 가을
달빛도 이슬에 젖네
　　　　　　23소제

가을바람 날리는
가벼운 落葉들
23세

꽃잎마냥 붉어가는
내가 아름다워
24세

꽃바람에 꽃향은
열렸이
25세

찻물에 내린 갈별이
오색 처럼 빛나네
　　　　　　　　2424 스체

한 칸 머물집에 바람이
들다 淸風이 들다
　　　　　　　　2424 스체

여름 숲속에
카랑한 山새 소리
　　　　　　　　2323 스체

달빛도 숨죽여 보는
서풍에 진다. 23소제

나비처럼 날리는
마른 나뭇잎들 23소제

백당 홀로 앉아있는
山間에도 낙엽비가
내린다. 23소제

솔솔 바람에 풀잎 떨듯
그리움에 저린 눈물
　　　　　　　23 소제

풀잎 흔드는 바람결에
암해오는 갈바람
　　　　　　　23 소제

月本風 향 물고온 淸風
헌자락에 마음을 씻네
　　　　　　　23 소제

국화꽃 향기에
젖어드는 가을
23 수제

가을산 오솔길에 소임
다하고 땅에 대려
쉬~ 있는 丹楓잎
23 수제

落葉 냄새 섞인 山길에,
가을비 내린다
25 수제

실비처럼 내리는 落葉
금은사 鐘소리 황혼물드네
　　　　　　　23 스제

높은 山寺 도량에
눈물처럼 떨어지는
落葉들
　　　　　　　23 스제

갈 곳도 익겨진
落葉 아라니요
　　　　　　　23 스제

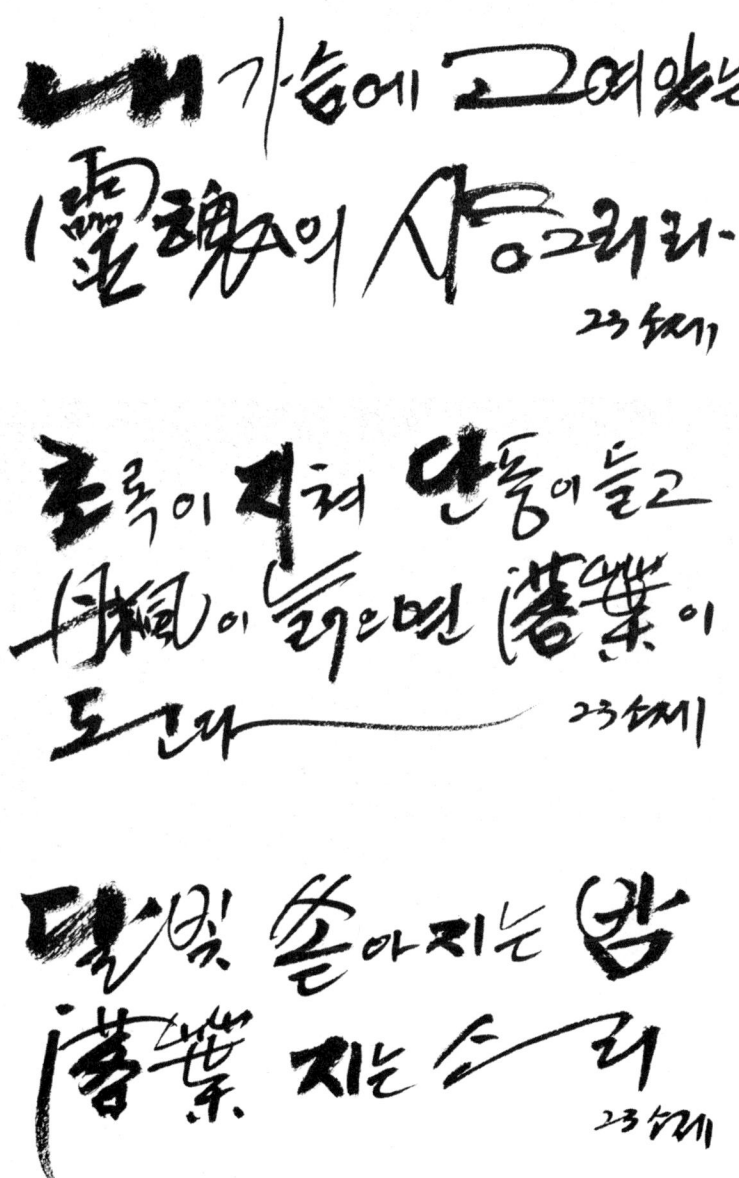

바람없고 달빛밝는
하늘이 좋네
23수제

잠차리는 自由의지로훨
훨 난때 산다
23수제

간헐적 들려오는
흐느께는 꽃대소리
23수제

내 마음에 꽃씨 떨어지던 날 울음이 안아 가슴에 툼 튼다. 23 속제

누운 마른 눈 위에 가을비 내리는 소리 23 속제

갈바람에 잘 익은 月桂잎 가지를 흔든다 23 속제

새벽江
물 안개 피는 소리
　　　　　　　23소재

그 독은
自由의 그림자
　　　　　　23소재

뒤 돌아 보는 人 생길에
구절초 만큼 향기로운
미소　　　　가　23소재

옷간월 달빛은 紗窓을
곱나들고 외로운 찻잔에
찰빛이 들락날락
　　　　　　　　　과녁재

青山에 낡은 찻물(빛)이
白茶壺에 내려앉네
　　　　　　　　　과녁재

하 강앞에 새긴꿈 한 낯
실 바람에 떠나가네
　　　　　　　　　과녁재

나뭇앞 물들어 가는
가을향기 그리워
23 수제

꽃비단 작별하고 삿틀이
중추에 丹楓이 진다
23 수제

落葉이로소 가을 月中
25 수제

님의 향기가 꽃지듯
져버릴까 두렵습니다
　　　　　　23 혜세

영혼의 향기가 내 靈魂
위로하는 물드는 저녁놀
　　　　　　23 혜세

千年물소리 가슴에 품고
法器는 되고지나
法性은 그대로다
　　　　　　23 혜세

온몸에 도는 혈관을
가을달빛으로 물들이고
싶어   23소제

실망실망 낯꽁치 들고
걸어오는 이쁜 가을 23소제

가을밤 홀로 앉아 만리
    향을 낯책하며
애끓는 거문고만 뜯느네
            23소제

늙고 이빠진 찻잔에도
차향은 변함 없어라
                    강 설제

그리움의 무게를 품고
상처진 丹楓잎 떨어진다.
                    강 설제

바람이 연주해 꽃피고 丹楓든
줄 모르고 살았네
                    강 설제

오르막과 내리막은
同時 共存한다．
　　　　　　　그소제

그 황혼빛 등에 지고
암자 찾는 저 노승
　　　　　　　강소제

풀벌레 和奏曲 베짱이
달빛 물든 풀숲에
　　내려 앉네
　　　　　　　강소제

너울너울 흘러 내리는
落葉들의 삶풀이
22소재

自由의지로 최선 다한 삶
이라면 허무함 없다.
25소재

가을차 한잔에 앞안
가득 맴도는 솔바람
하승기
23소재

아직 물들지 않는
하늘 같은 빈 마음
　　　　　　25 수제

淸靜한 마음 있다면
물들지 않는다
　　　　　　23 수제

햇살 드는 문틈으로
왕 혼 같은 국화 향
　　　　　　23 수제

落葉 내리는 저 뜰에
가을물 흐르는 소리
                    23 수제

꽃望 앞자에 시름시음
  내리는 꽃 仔枫
                    23 수제

달빛을 품었으니
  달빛 茶를 마시리
                    23 수제

첫 가을!
풀 끝에 내려앉은
가을 궁둥이 23소제

가난한 굴뚝에 흰연기
백 밭둑에 날리는
진양조 춤사위 24소제

寺下村 마을에 저녁짓는
여연 냇갈
25소제

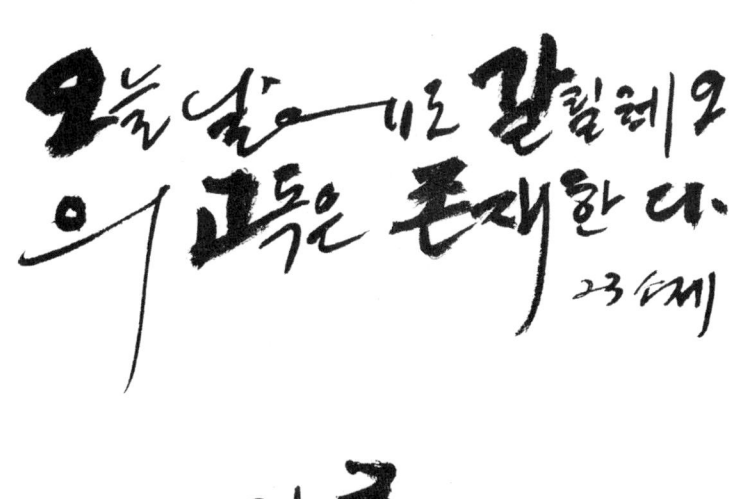

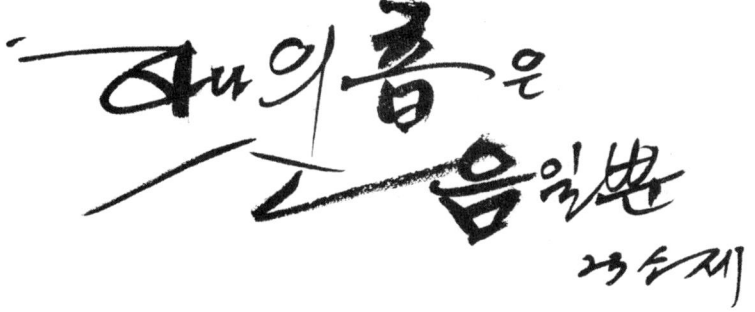

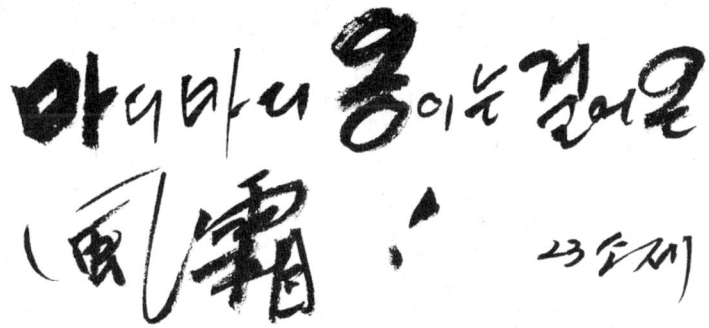

自己 얼굴에는 自身이
作曲한 노래가 있다.
　　　　　24 수제

내어놓은 茶잔에
落花 가 내려앉네
　　　　　24 수제

꽃물에 배인 이름
차인듯 흉내를 긋나
　　　　　24 수제

과일이 몸을 둘 때
아르름 한 靑山 으능
24수제

감고이 가는 가을 村落
소로개이 타는 하얀 냉갈들
24수제

꽃 잎이 지던날 또 다시
긴——— 그리움
25수제

두뇌는 밑빠진 독
채울수록 갈증 난다
  간 수제

가지 밟고 걸어봐야
꽃길 고운줄 안다
  간 수제

밤행 떠나 가는 제수의
엉물소리
  간 수제

어려워도
미감하지 않게
24세제

후회 없이 살았다면
그냥바라
임종 때도 후회 없다.
24세제

꽃도 흔들리고
아프며 된다
25세제

살아 있음에 감동하고
내 인생을 찬양하라
　　　　　　　　　　고 은제

어느 靑山에 살던 솔향
인가 바람소리 들린다
　　　　　　　　　　고 은제

꽃이라 이름 부르지 않아도
꽃은 꽃을 피운다
　　　　　　　　　　고 은제

살림을 한꺼번에 갖지말자
그것은 행복을 끝이 하는것
 25 서제

소슬바람 찻잔에 내리니
가을 단풍향 찻잔에 고이네
 25 서제

솔가지에 달빛 물들어
허공에다 광을 친다
 25 서제

늙은 고목신 끌고 가는 끝자락
가는 찬 거네 윗 밭에
복사꽃 피더라 25세

알몸이 수줍니라 안개속에
숨어 내리는 여름 안개비 25세

또락에 대 그림자
달빛 쓰 누나 25세

靑山은 비안개 뿜
한숯을 픈다　강수제

솔그늘에 앉아 茶를 내릴제
차탁 앞에 내려 앉는
새 한마리　강수제

돌다리 가슴위에 도랑가
물 찿찬에 고이는 봄향기
일렁　　　이리네　강수제

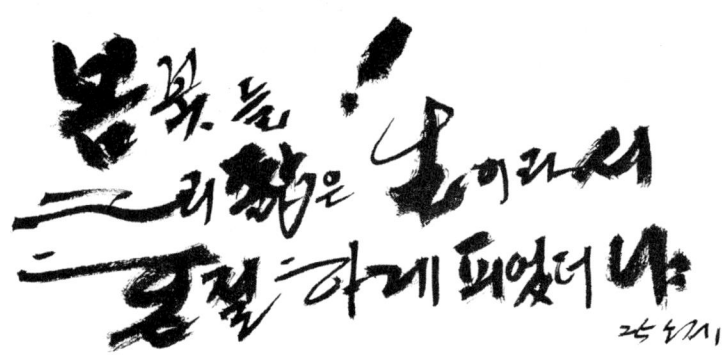

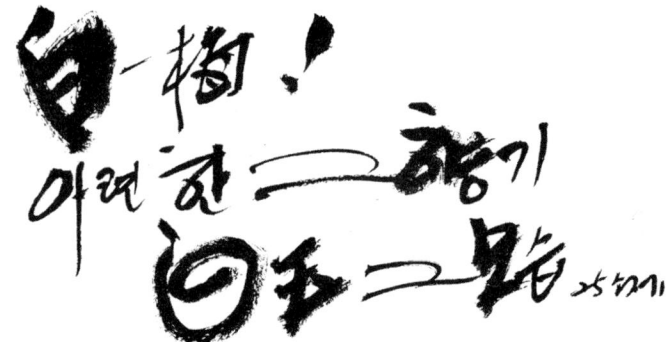

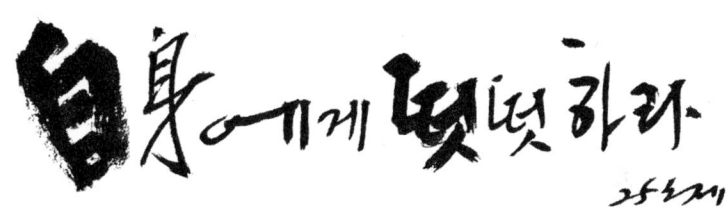

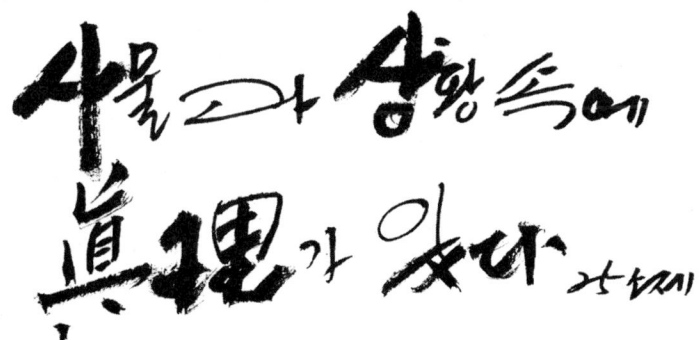

애절타,
아직은 청춘인데 비바람에
떨어진 꽃송이 강수제

탓 하지 말라,
自身이 만든 꽃이다. 강수제

나에게 오는 시련은
강해질수 있는 기회다. 강수제

비 안개는 山詩를 품고
茶香은 이름을 품고
　　　　　　강수제

숙명은 타고 나지만
운명은 내가 만든다.
　　　　　　강수제

梅花가 피는 봄날
茶를 드는 老僧 홀로
무릉을 유영한다
　　　　　　강수제

시련속에 피는 꽃이라야
그 향기가 곱다
  갓난제

이유도 모르게 온 세상
이유도 모르게 떠난다
  갓난제

生命의 무게는
세상의 무게와 같다
  갓난제

염려 할것 어었다
그 오한 平安 속에
꿈 어없는 잠　24 세

나비는 꽃밭에서
꽃세상 놀다 간다　24 세

마음문 닫고 고독의
방에서 自己를 찾아라
　　　　　　24 세

욕심있는 가슴만큼
차를 채우— 24세

삶은!
自산 ED 24세

걱정마라!
죽으면 오기전 상태로 간다 24세

그윽한 山寺에
丹楓이 갈바람에
갈린다. 25세제

山寺 마룽이에 화두악은
丹楓잎 갈바람에
法 설하네 25세제

달밝은 가을밤
長江에 배띄워 놓고
25세제

숯불 뜨거운 열정에
철병의 애끓는 소리
강소제

그대 가슴에서 들려오는
청량한 대바람 소리
강소제

별? 너의 푸른 가슴이
억겁 견뎌온 외로움이더냐
강소제

潜繫?
山河에 自由의 축제
23능제

詩은 自作曲
25능제

墨香과는 차실에 뻐꾹새
울음 콕콕 잠을 적는다
24능제

근로가
탐욕이 되지 않게
    २४ 수제

여유가
방관이 되지 않게
    २४ 수제

늙고 이빠진 찻잔에도
  그 향기 변함없구나
    २४ 수제

가르침이
권위가 되지 않게
　　　　　　24 송제

갖힌 열매는
고독의 땅에서 자란다
　　　　　　　　24 송제

천국도 지옥도 걱정마
네 마음속에 있으니
　　　　　　　24 송제

내가 삶을 바라봄은
기적적 感動이다.
24 5제

自然을 죽이지 마라.
사람도 죽는다
24 5제

오 월은!
천지가 다 新房이다.
24 5제

비안개 속 오월 초록山에
구슬픈 삼베 듣구 울음소리
　　　　　　　　　24소제

그리움은 찰병속에 애끓는데
님은 어이 더디는가
봄비 탓인가
　　　　　　　25소제

정신이 가지런 하면
山幕도 넉넉하다
　　　　　　　25소제

삶이 쉬우면 사람은
이미 시들었을 것이다. 25체

제 혀 끝은!
성스러운 스승이다 25체

아린 가슴 한켠에
솔비처럼 내리는
이 그리움을 25체

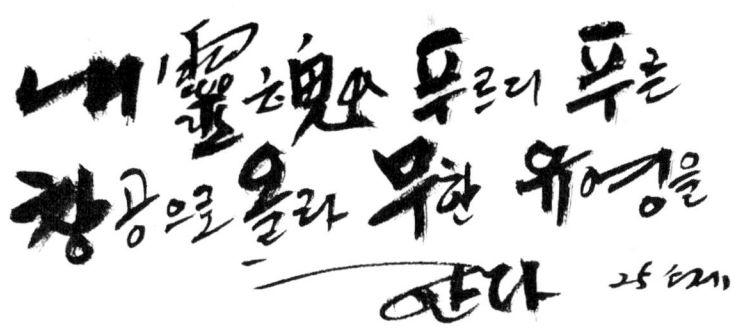

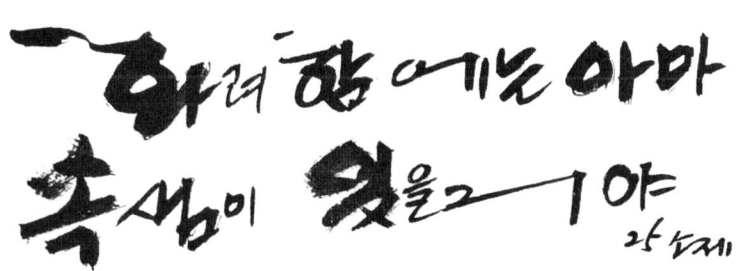

창밖은 추적추적 장마비
찻잔 속엔 차오르는 빗수소리
                                    강우제

仙巖寺 무우전 돌담에
안개비 내리는
소리
                                    강우제

潛花!
꽃가슴 언저리에 굳은언약
집어놓고 툭! 진다
그리움 하나가
                                    강우제

아무도 찾지않는 재山
골짜기 금강화 홀로
외그 핀다네
~3 수제

안개비에 젖어가며
그 대위해 기도하는
꽃이랍니다
25 수제

서로의 믿음은 당산나무
처럼 궁골찾スト
23 수제

어제는 다시 만날수 없고
내일은 영원히 멀어요
   갓수재

서로를 위하는 마음은 봄밤
향기만큼 아름다웠다
   갓수재

흥청거리는 노래 속으로
봄밤은 깊어가네
   갓수재

銀河의 별을 뽑아내며
허공은 어둠으로 늪는다
23 소재

허공의 정체를 밝히려
어둠을 들어낸다
23 소재

늙지 않는다면
젊음으로 살거워
23 소재

아! 여여보다.
미라가 된 어제의 황홀
　　　　　　　23수제

혈관의 江물은 말랐으나
여뽐은 그대로다
젖고 곱다.
　　　　　　　23수제

아— 곱게 피어
오르는 새일들의
　　춤소리
　　　　　　　23수제

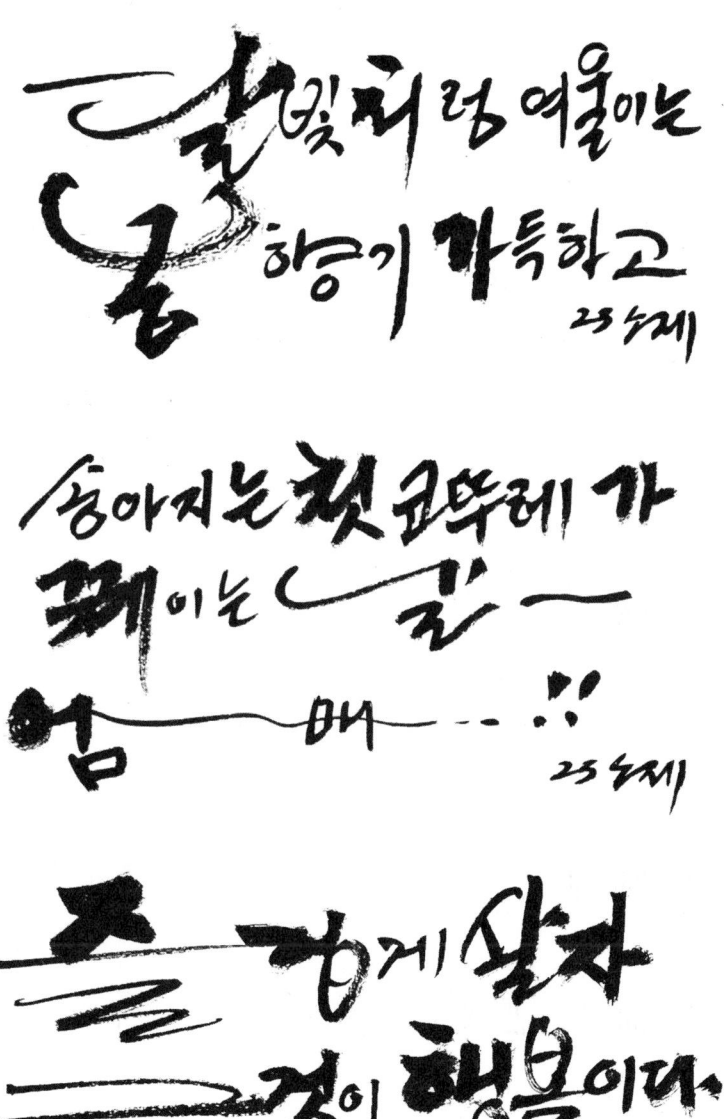

어둠마저 향기로운 밤
天地에 꽃향기
23 수제

꽃송이 팡! 팡!
나비 날개 짓
향기 향기 ~~
너울 너울
23 수제

내 生 가을이 오면
月來回잎처럼 미련없이
떠날수 있느냐 물고싶다
23 수제

내 삶 가을이 오면
지는 꽃처럼 무슨 향기
날렸는냐 묻고싶다
　　　　　23 수제

어려움이 있어야
삶맛 산다.
　　　　　23 수제

삶은 소낙비
삶은 꽃구름
　　　　　23 수제

自리의 時間은
홀로 앉을때 자기것
이다
23수제

행복은
내 손안에 있다
23수제

행복은
참 쉽다
23수제

만족 할줄 알면
행복을 아는것이다
　　　　　　　강수제

행복은
감사하는 마음상태
　　　　　　　강수제

받음을 즐길줄 알면
행복할줄 아는것이다
　　　　　　　강수제

파도처럼 밀려오는
푸른 거만함 오월
25 송재

별빛 총총한 하늘에
큰 웃음 하나 덩실
23 송재

나 비훔 꽃내음으로
꿈꾸게 하던 사람아
23 송재

真理는
발견이다
23 토재

지극한 아름다움에
감동되어 떨리는 슬픈
마음이여
23 토재

아~ 사랑아!
술의 달콤한 굴레여
23 토재

가을창판에
내리는 솔바람
향기 23 녹제

사람은 스스로 지옥을
만들어 놓고
아 우성친다 23 녹제

淸靜 도량 한켠에
남월매 한송이 벙그네 23 녹제

님의 禪定 그르칠까
까치발로 내리는
눈송이   23 수재

밤꽃 향기 질펀한
山길에 산새소리
찬란하다   23 수재

처처를 구별말고 푸른 정신
꽃 피우라   23 수재

비 슬 시 얼 내리는 落葉
이따금 낙엽 여들이
호 —— 는 김이 들려온다
                        23 수제

첫 새벽을 뚫는
梅花의 울음소리
                        23 수제

텅겨진 가얏고의
열두줄 같은 새벽의
팽팽함   23 수제

그 난(難)으로 피어난
꿈의 향기로
밤은 아름다우리
               23주제

쉬!
그대에게서 오묘한
法을 보고 듣는다
               24주제

약간은 모자란 듯
욕 치지 않게
               25주제

스산한 들녘
　내리는 黃昏
　　　　　강영재

몸과 맘이 꾸밈 없이
自然 스럽다.　강제

두고온 내님이 그리워
銀河처럼 피어나는
　　방초꽃　강제

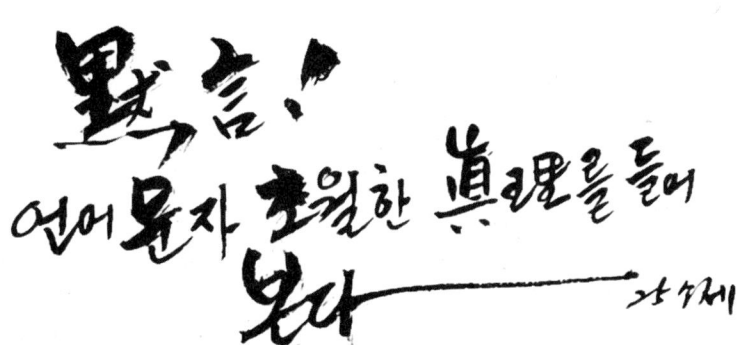

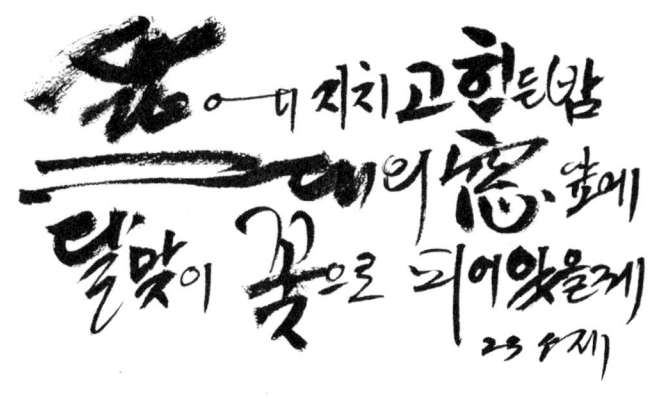

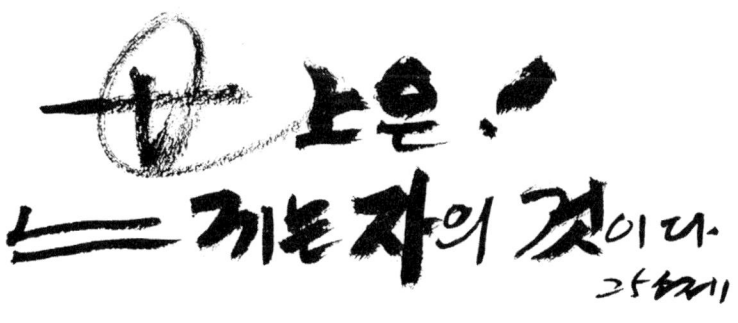

쏟아내밀지 못한 삭막한 마음
이 가슴에 못 되어 박혔다
24세

행복을 반복적 일상에서
찾는 사람이 지혜롭다
24세

眞實한 한마디는
태산처럼 무겁다
24세

많은 초 벽은 많은
가치관에서 나온다
24 수제

행동되지 않는 지식은
무식함보다 사악하다.
24 수제

매 순간의 선택이
나의 운명이 된다
24 수제

묵은 폐도의 山길에는 고요가
산기류 처럼 쌓여 있고
　　　　　　　　　24 수제

앉아주길 원하는 것도
구걸 이다
　　　　　　　　24 수제

폐도된 묵은 山길에는
찔레꽃 향기 고여
있더라
　　　　　　　　24 수제

아프게 살면 잠자리가
편안하다. 24세

사랑은 받나는 것이요
하나 된다는 것이다. 24세

감사의 버튼 누르면
행복문 열린다 24세

自由!
그것은 나의 품격세
24세제

기도와 행동이
하나 되게
24세제

내 삶에 차투리
時여이란 없다
24세제

남자의 잠은 여자의
안식처 다
　　　　　　　　　24 수제

여자의 아름다움은
남자의 휴식처다.
　　　　　　　　　24 수제

폐도된 묵은 山 길엔
적막한 그 호만 성여
앙
　　　　　　　　　24 수제

폐도된 묵은 山길엔
적막한 그 모만 섷여
앙   24 수제

삶이 어렵고 힘들기에
아름답고 행복하다
                      24 수제

내 마음이 如法해 가는
마음 승부   24 수제

神의 모습은 허공같아
한모습도 없다
24수께

그대가 불안한 것은
부정을 택했기 때문이다
24수께

탐욕으로 自己 날개에
그물망 걸지 말라
24수께

한잔의 茶를 平安히 마시는
好事가 행복이여서
　　　　　　24서제

사랑이
집착이 되지 않게
　　　　24서제

靑山이 푸르르 내 갓물도
푸르그 바
　　　　　　24서제

휴식이
나태가 되지 않게
24 수제

꽃처럼 나비처럼
아름답게 향기롭게
25 수제

우리도 언제든지 웃으며
밤길 내 靈魂의
어떤 23 수제

그 정관념은
제3의 감옥이다
25세

생의 길은 法作(후)이다
23세

흐르는 時間들이 아침
이슬처럼 풀끝에 맺혀
영롱히 빛나고
23세

어느곳으로 가든
내 身이 ⊖ 노의 중심
이다   23세

⊖ 노는
오묘하나 단순하다
                    23세

달빛 속에 풀어둔
풀벌레 울음   23세

배 끝은 초사흘 달빛은
시력 흐릿한 안개 속에
숨~ _23노체_

山 깊어 가쳐를 알수 없어도
靈性이 빛나면 天下에
등대가 된다. _23노체_

自信感 충만하면 어떤
장소에도 여유롭다 _23노체_

나와
네몸은 둘이 아니다
                        23 수제

홀로서도 외롭지 않는건
내 할일 있기 때문
이—
                        23 수제

멀어지는 그림자에
당 인들 울지 않겠나
                        23 수제

늙은 거미 그들은
하루살이도 낡을 수 없어
23수제

꽃 눈처럼 내리는 달빛
쉼은 매 인치듯 잠
직은 매 塵 3찮는 노을
23수제

봄이 품으로 속에만 앉다
土壤 밭라
23수제

真理는 !
현장에 있다.
　　　　23 수제

어제와 똑 같은 생각
똑같은 말 똑같은 기도
나는 장승이였다
　　　　23수제

명령 하지마!
내 일은 내가 한다
　　　　23수제

홀로 있으면
모두 내 時間

23 李제

나는 내 時間을 모두
내가 쓰기위해 홀로 됨을
自招 그랬다

23 李제

노을이 어둠속으로
스며드는 가을녁

23 李제

하늘은 끝이없이 높아가고
붉을래 않는 국화꽃 향기
                    23 노제

독한 사람들이
세상을 빛내 놓다
                    23 노제

山깊어 밤 깊어 가을도
깊어 觀音軒 다담도
     깊어만 가고
                    23 노제

행복은 빈부를
가리지 않는다 갓셰

행복은 목적보다
과정에 있다. 13 수제

하늘 가린듯 섬을 삼킨듯
안개 품속은 곧고요
득하다 23 셰

너의 그 한바다가
봄비 옯으면 강호제

물솥?
가슴을 파내고야 얻는 이름
강호제

난 눈아 보다가리 물결같은
날걸 청나비 희랑
다가리 강호제

앞 뜰에 누운 靑山
　뜰 따라 봄 바꾸네　25 $乙$제

가을달
　　도 열매 없구나
갈 바람에 맑갛게 익은걸　23 $乙$제

나의 손길이 봄비 같으면
　　　　　　　　　25 $乙$제

첫눈 같은 마음 밭에
紅 一点 찍는다
23 수제

달빛 밟고 너를 찾아간다
풀숲에서 마지막
비 창을 연주하는 너를 찾아
23 수제

한마디를 위하여
苦행의 길을 수없이
간 다 23 수제

배고픈 窓 틈으로 달빛이
철러 든다
25세

늙은 茶罐에 묵은 차
그래 놓고
23세

늙은 베치에 덜 익은
서楓 落葉 되어
나린 다
23세

내 가슴에 왜
너의 이름 새겨놨길래
이리도 못잊나
　　　　　　노수제

숨넘어 가는 靈魂 위에
한줄 빛으로 오라
　　　　　　노수제

무인도 섬 깜박이는
외로운 등불 하나
　　　　　　노수제

法堂 처마 끝에 落水가
흐르로 法이 설하네
　　　　　　　23 수제

親鸞心 비추니
회도하는 염불종
　　　　　　　23 수제

내 설음 엿보고
맘 약해 대신 울어주는
가을비 23 수제

아 가을!
落葉이 펑펑
쏟아 지던 밤
　　　　　23누제

菜畓 그에 떨어지는
無絃琴 소리
　　　　　23누제

오늘이 보름이야 좋다?
菜畓에 가을달 떴다
　　　　　23누제

손뼉이 바뀌면
삶도 바뀐다
　　　　23 수제

만삭으로 치닫는 달넘이
내 마음 아는 양
다실로 내려앉네
　　　　23 수제

흘러가는 삶은
흘고도 깊어라
　　　　23 수제

꽃피고 물흐르는
내 靈魂의 동산

23 4제

정신감옥엔
탈출구가 없다

23 홍춘식

첫눈 같은 젊은 생명
손잡고 곧 손놓아야 할
서러운 삶

23 4제

넋!
말없이 묵념을
섬 하는 그대
23 수제

삶이란
살아가는 과정일뿐
23 수제

나의 작은 추동(推動)이
나의 전부를
대변 할 것이다
23 수제

진 어머님 옷자락 같은
울래의 첨대 소리
秦하늘처럼 번져온다
23 노래

가을은 아! 가을은
沈默이 아름다운 계절
23 노래

오월은 가고 하늘은 고요한데
가슴속에 피 묻어느
선혈은 여울
23 노래

대숲에 내려 앉아
댓잎 몸부시는 소릴 듣는
드실 0잇   23 수제

동산 머리에 달 꽃이 되고
어디선가 들려오는
梅花 꽃 향기   23 수제

산국 향 菊花 향
풍기는 가을 山   23 수제

온종일 꽃만 바라보던
그윽한 눈빛으로
차 한 잔 내어놓네
　　　　　23 초제

나비처럼
自由롭게
　　　　23 초롱

달 남은 하늘에서
銀 것털 폴폴
　　　　　23 초제

삶이 고독한 것은
감사함이 없기 때문이다
　　　　　　　　　　 관세

君佛은 그모르한데
중생 마음만 요동친다
　　　　　　　　　　 관세

그믐이 돌탑에
落葉처럼 내리는 밤
　　　　　　　　　　 23 관세

인생 속에도
妙味은 가득하다
　　　　　23 나제

꽃밭 다녀온 바람은
향내가 난다
　　　　　간수제

내情 그리운 사람과
함께한 추억이 잊혀
간다는 이 슬픔
　　　　　23 수제

행복은 소유가 아니라
            짐이다 _라이네_

네 떠난 자리에
눈물처럼 고이는
   불빛   _라이네_

 행복이 어디 그곳에만
있다 던가
            라이네

꽃유 만큼
꽃속은 따라온다.
　　　　　23 소제

가슴에 내리는 상림
안개에 묻혀
　그 하네 23 4제

삶이란
문제e 연속
　　　23 7제

새벽은
어둠을 품은 자의
것이다
23 소제

自然은 꾸미지 않아
순수한 아름다움이다
23 소제

행복은 가슴에 있는것
지는 자의 것이다
23 소제

밤비.'
첫볼 끝에 아련히 들리는
속삭임   22수제

삶은 바쁘게 살면 시간이
빠르고 게으르게 살면
느리다
              23수제

폭우.'
브레이크 파열로 내려
치닫는 폭주 기관차
              24수제

梅盞 속에 도는 梅花
가슴속에 피는 梅香
  관촌재

오늘은 어제 영종자의
간절한 그리움이엿네
  관촌재

스치는 인연에도 잊혀지지
않는 그리움 있네
  관촌재

채워버린 그 자리
떠나가는 설레임
　　　　　　　강태제

덜면 여유롭고 놓으면
自由롭고 나를 잊을 때
　행복 하여라
　　　　　　　강태제

밝은 물은
　꿈적이지 않는다
　　　　　　　강태제

삶의 악보에는
도 돼풀이표는 없다
23 수제

불편을 느끼지 않으면
진화는 없다
23 수제

멀리 寒山寺 범종소리
들으며 詩 나누며 茶 나누며
한바탕 웃어 보지요
23 수제

홀로앉어도 흡족함은
한잔의 茶가 있음이오
  23세제

썩은 생선에
향수 뿌리지 마!
  25세제

장좌와불 득도한 매미
여름날 소나기 처럼
  윤소식 내린다
  25세제

인정 받으려 애쓰는것도
탐욕이다   상혜

목마를때 물마시는 거야
그게 道이란다   상혜

겨울밤은 꿈으로 가고
달빛은 지창에 어른
              거리네   상혜

얼푼 봄오는 길에 심학규
맹인 초록눈 뜨는 소리   관극제

멈춤없이 꾸준한 것이
가장 무섭다   관극제

내 집은 !
　　　오하다.   관극제

절묘한 연애는
절묘한 타이밍에 나온다.
24 수제

최고의 연애는
연애가 끝나지 말아야 한다.
24 수제

혼신을 다한 치열한 삶
에는 아름다움이 고여있다
23 수제

하늘엔 구름사이로
　내리는 달빛
　　　　　23수제

값을 지불하는 것은
가치를 인정 하는것이다
　　　　　23수제

낡은 가슴에 단비같은
아름다움으로 채워가자
　　　　　23수제

스스로 뛰게 하는것은
아름다운 것이다
— 23 수제

행복보다 사랑보다
높으건 아름다움이지
— 23 수제

늙은 바위에 묶는
이게꽃이 아름답다.
— 23 수제

문제를 = 환영하라.
오람을 안게줄것이다
                      23수제

自由로 흔들리는 꽃은
아름답다
                      23수제

사람은 世上의 꽃이다.
自己 꿈을 날려라.
                      23수제

꽃은 눈을 즐겁게 하고
향기는 靈魂을 즐겁게 한다
　　　　　　　　　23 소제

최선을 다하는 모습은
아름다운 모습이다
　　　　　　　　　23 소제

눈 뜨면 날마다
長壽 기록 세우는 것
　　　　　　　　　23 소제

풀꽃도 눈길주면 꽃이지만
무시하면 잡초일뿐
　　　　　　　23 쉬제

時間은 모든이에게
똑같이 흐른다
　　　　　　　23 쉬제

만물이 흙에서
나왔으니 흙은
　　　　　　　花 다.
　　　　　　　23 쉬제

언어 구사랑이
그대의 반이다
23노재

꽃은 그럼지도
아름답다
23노재

편하게 사는 것은
보랑을 포기하는 것
23노재

몸 마음을 고요히 하여
自然의 法說 듣는다
　　　　　　23 노제

"행복을 손에 쥐고
행복찾아 헤매기에는
　　　　　달픈 인생
　　　　　　24 노제

삶이란!
과-장이다
　　　　　24 노제

미래를 궁금해하지
        마라 24세제

觀은?
보지않고 보는것이다.

人生은 봄날에
피어나는 아름다운꽃
                23세제

孤寂한 겨울밤에
열리는 仙境
23 수제

이슬 먹고 피는 꽃
이슬처럼 맑은 향
23 수제

깨침은!
총알이 표적을 뚫듯
그런듯 하는 것
24 수제

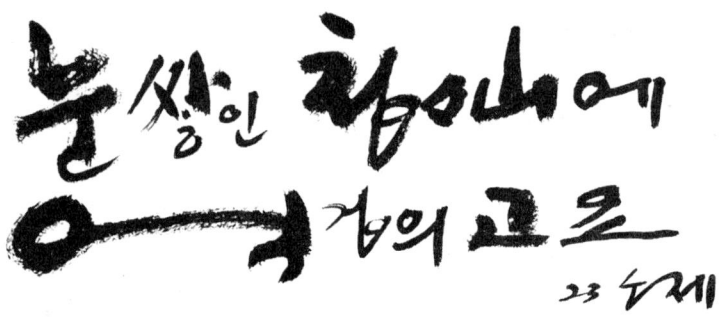

눈 쌓인 침묵에
여명의 고요
23 수제

덩무한 빈 마음에
아름다움을 채우라.
23 수제

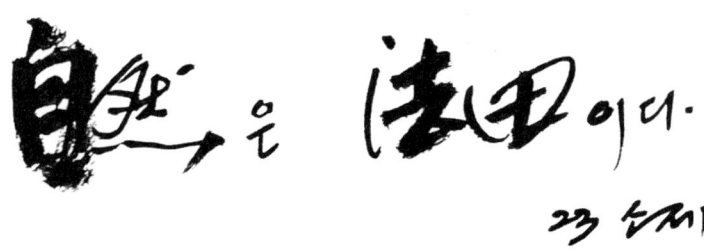

自然은 法田이다.
23 수제

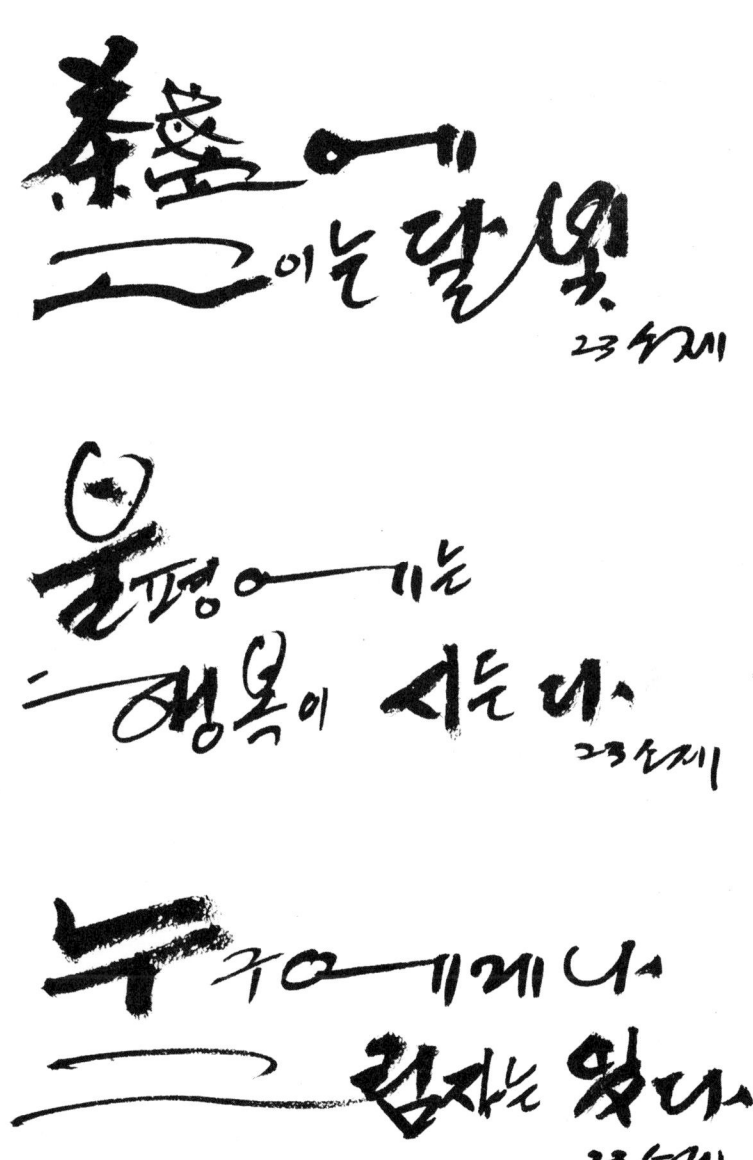

독경소리 요란해도
연비는 그침없네
　　　　　　23 수제

自由게 그리거든
외로움도 품어라
　　　　　　23 수제

神은 人間이 만든
거룩한 허공
　　　　　　23 수제

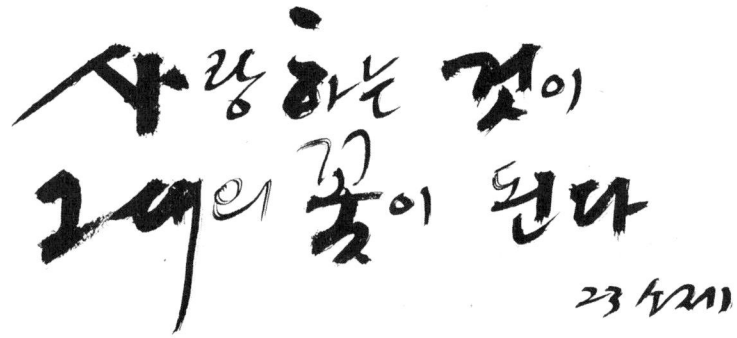

사랑하는 것이
그대의 꽃이 된다
23 소제

티끌에게 물어라
25 소제

잊혀진 들꽃에도
향기는 있다
25 소제

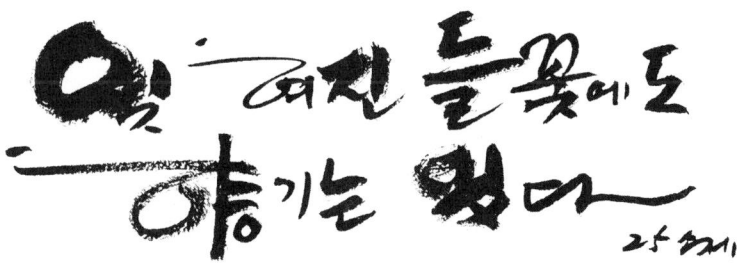

헌 가슴에 선연히 情点 남기고 감 *고은제*

네가 오직 두려워 할것은 야윈 삶의 되초리다 *고은제*

삶이 쉬우면 춤에 옵도 있다 *고은제*

人生은 내가꿈꾼
나의 마음씨 23 숙제

꽃도 소래도 없는
孤寥한 마음밭에 23 숙제

青山은 내벗의옷
淸風은 내마음 23 숙제

철따라 가고오는
들꽃 향기
  23 수제

허공에서 열어나
허공에서 소멸이다
  23 수제

흐르는 茶樂 따라
차 향도 너울너울
  23 수제

흐르는 淸風속에
넘의 춤사위 23숙제

하늘기는 孤雲하나 23숙제

茶盞 속에 차오르는
潛水 소——리 들어본다 23숙제

찻잔의 자비는
이웃으로 되쉬아내고
　　　　　23 소제

나는 淸山 품에
靑山은 안개 품에
　　　　　23 소제

오늘 새로우려 면 어제의
껍질을 벗어라.
　　　　　23 소제

自然에서 찾은 행복이
건강한 행복이다
　　　　　　　23 수제

自然은 모든것이
합당할때 움직인다
　　　　　　　23 수제

돌솥에 끓는 김이水 울음
　 내몸 안아줄 노래
　 　 르네　　　 23 수제

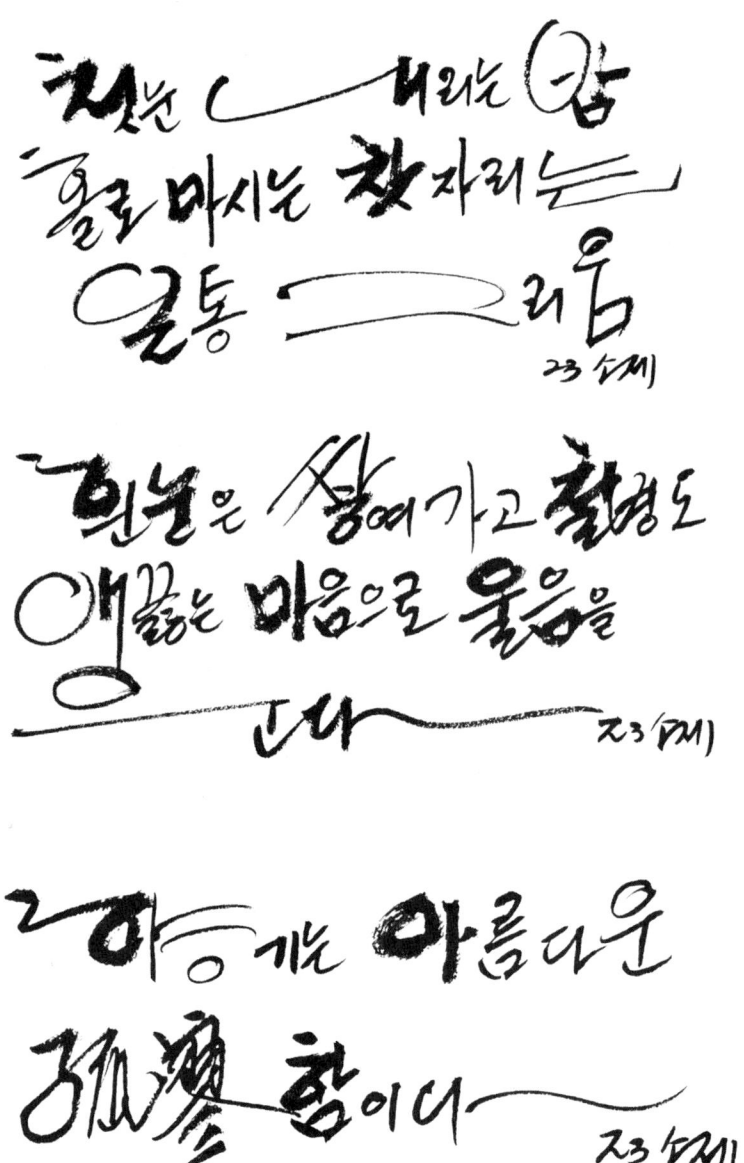

꽃은 웃음으로 말하고
향기로 말한다
　　　　　정휘제

山 너머 草堂에서
향기처럼 피어나는
도란도란 茶談 소리
　　　　　광휘제

山 깊은 골짜기 밤새 우는
소쩍새 소리
　　　　　강휘제

나날이 축복의 날
매일매일이 長壽의
날
                    23번째)

山 깊은 숲자게 밤새 우는
소 쩍새 소리   24번째)

아! 4월
새벽을 여는 통증으로
신음속에 4월이 왔다.
                    24번째)

菊 하늘물고은
淸風 한 자락
24수제

호새 한마리 靑山에 가로낯고
매미 소리 바람속에 쉬어간다
25수제

봄안가 햇더니 벌써 낙화한잎
계수에 둥둥 길을떠나네
25수제

잘살고 간 삶이란,
하고싶은 일 하고 살다
간 사람이다   24세

봄 밤은 멀고 꿈이라
하얗는 빈 방
                              24세

공짜로 온 밤
모든게 감사다
                              25세

人生은 해석이고
삶은 가치관이다.
　　　　　　　25 노재

매미,
뜨는 들 정전 절벽진공
똥　파병한 익간
　　　　　　　25 노재

둘레를 당연시 하면
잇어 날 길을 모른다
　　　　　　　25 노재

생명 위에 존재하는건 없다 25세제

여린 품으로 끌어안는 거치른 그 하두 25세제

달빛도 내情그리워 이슬에 젖네 20세제

저기저 새河에
를뿌려 날리는
銀싶ㅡ 23도제

쳐끝 속에서도
道를 얻는다 23도제

눈뜨면 이리도 고운
눈 25도제

달빛내린 淸(청)아운 강들에
三更(삼경)인데 적막 휘젖는
춤추는 젓대소리 23노체

솔바람 한자락에
울어버리는 풍경 23노체

안개비 흠뻑 머금은
풀향기 가득한길 23노체

青山에 홀로 앉아 구름
병풍 두르고 淸風차를
마신다
23수제

봄비 품은 대지위에
풀씨로 살아오라
23수제

늙을수 없는 그리움
옛날 港業이 지나기
23수제

온몸을 타고 도는 핏줄에
가을 향기로 물들이고
　　　　　　　　23 소제

바람 맑은 날 빨간 매밀
잠자리 치달아망 했다.
　　　　　　　　23 소제

높은 가을비 이르지 못한
한마디가 목줄에 걸려
갈수 없네
　　　　　　　　23 소제

長紙 門 대 그림자에
살랑이는 내 맘 초막
물 헤간 어느 겨울
　　　　　　　23 소제

내 그리움이 하늘에 닿으
면 행여 꽃으로 되어
　　　　　　필까　23 소제

엎들고 별헤먹혀 앙상
한 죽기 뼈 드러내고 누운
朴 木風 앞이 가슴 울린다
　　　　　　　23 소제

위도 아래도 없는
마음밭에 自由의 꽃
피어난다 23수제

오늘도 그 자리에
홀로 우는 작은새 24수제

봄이 내리는 들녘에
초록바람 몰어온다 24수제

그 요가 내려 앉은
庵子뜨락에 나직히 우는
풍경소리   2박 4제

눈을 눈으로 보지
빛으로 관심으로 보자
            2박 4제

찻물은 봄비처럼 하염없이
끓는데 남은어이 더디는가
봄비 탓인가
            3박 4제

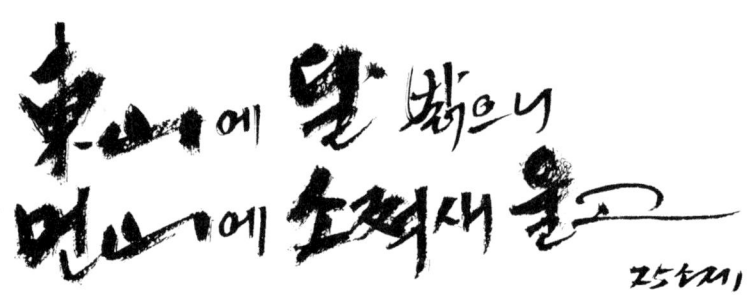

時間은!
한정된 재산이다
강소제

東山에 달 밝으니
먼山에 소쩍새 울고
강소제

靑山은 안개에 젖고
이몸은 그리움에 젖네
강소제

삶은 아쉬움의 연속
그렇지 않은것 무엇 있으리
　　　　　　　　　조동제

같은 꽃길 다녀와도
가슴에 남는건 서로다르다
　　　　　　　　　조동제

여보게!
가끔은 靑山 흰구름 보면서
가세나
　　　　　　　　　조동제

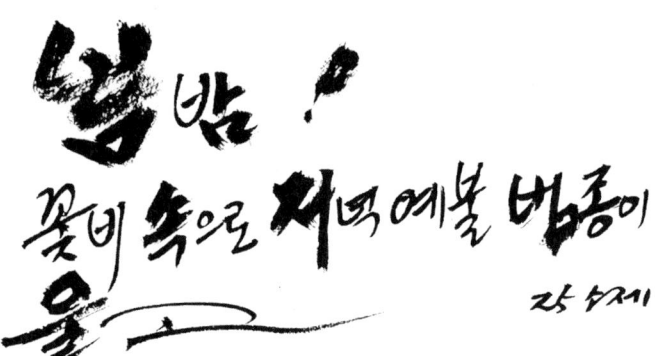

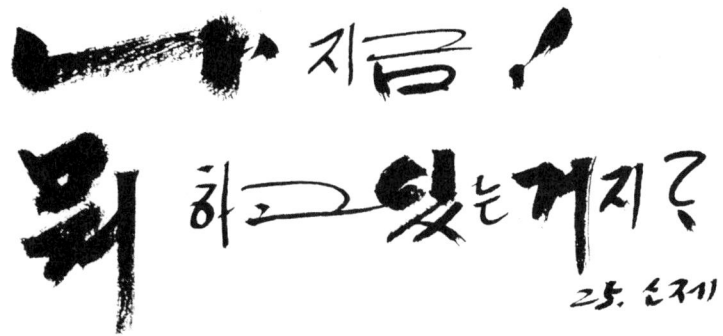

잠에 문제가 없다면 그것이 문제다
23 노제

사람은 유전자로 연속된다
25 노제

저창에 대그림자 가로저어 水墨畵
25 노제

모란
큰 눈 어름먹고 활짝하던
自由 간 노제

난 葉
一葉 보며 오랜
기다림 간 노제

안개속 지 梅花는
봄비어 — 께 젖네
간 노제

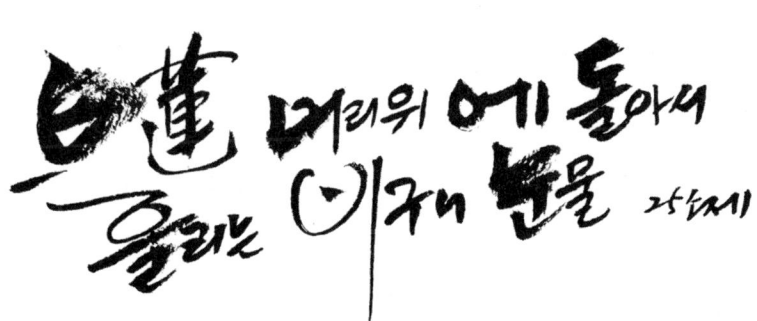

自然스런 무작위 그냥
그대로가 아름답다
       과수재

죽이 되해면 걸치장
하기 힘다
       과수재

눈운 春山에
장마비 내리고
       과수재

비록 내속 토방에
지런한 하고무심
무념선정에 들고
                    25송제

차향 하움을 취고
떠나는 清風
                    2송제

그 독이 향기 품고
호매 그처럼 묘향은
오 아으리니
                    23송제

희망의 증이 짙을수록
그 만큼 늙어가는 것
23 수제

人間만이 가설을
내놓을 수 있다
23 수제

될성부른 나무는
험지에 심어라
23 수제

외로움이 뼛속에 들고
그 독의 하숭기가
그예 있는 人生길   23 수제

애초기 소 리앞에
따.랗게 펼고있는 작은꽃   23 수제

이ㄴ 겨울옴으로 채갈
春雪花 가 봄가지에
피었다   23 수제

꽃처럼 향기롭게

窓밖에 가을비 내리고
茶室엔 다달이 꽃피네

그때마다!
왕대는 王自由다

人間만이 自己극복의
길 걸수있다.   २३ 수제

순함 속에
아름다움을 노래된다.
   २३ 수제

솔 가지 타는 내음
바람꽃 안개처럼 넘쳐
     그린다.
        २३ 수제

長江아ー! 저 거대한 물줄기가 하늘을 넘고 있었나
23 수제

관심 받으려 애쓰는 것은 굴라한 집착이다
24 수제

非 란! 무질서다
25 수제

무엇인가가 교만하다고?
그럴수 밖에
          24.숙제

맞습은 봄꽃에
  스치는 바람결
          25.숙제

공평하는 자리에 행복은
    떠난다
          26.숙제

꽃은 멈춘듯 흐르나니
나도 따라 오는듯 가노매라
25송제

구월은 아직 낯설어
신비한 여행길
25송제

달빛은 차탁 가로질러
모서리에 매달리
25송제

물의 本바탕은
본래 맑다 24번째

有에는 구속이 따르지만
無는 自由를 안겨준다 25번째

달빛이 안개비 처럼
내리는 밤 26번째

불어오는 소슬바람에
청아한 손짓 옥수쟁이
싱아 좋다. 23노제

차향이 압안에 가득
하고 마음에 고요함이
가득 하면 기쁨이로다.
23노제

황홀빛 등에 지고 남녘
으로 떨어지는 겨울철새
23노제

갈피 햇빛아래
황혼빛으로 울어대는
풀벌레 소리
                    25소제

달빛에 서풍은 치고
풀벌레 울음이 애처럽다
                    23소제

예술은 오직
인간이 즐긴다
                    24소제

여승왕에게
분노할이 있는가
24수제

창 숯 뜨거운 열정에
힐병의 개끓는 가슴
24수제

오늘도 아침을 맞이했다면
행운을 얻은 것이다
24수제

상식화된 단어에
의문을 갖고
단어에—기 갇히지 말자
24세

예술은 세계를
하나로 묶는 끈이다
24세

예술은
영혼을 살찌우게 해
24세

노후에가는
예술에 귀의하자
24세

집착을 할게 없으니면
두려움도 없었다
24세

내가 남긴 발자국은
내가 남긴 내 모습이다
24세

재물도
넘치면 짐이다 간도제

봄바람 가슴으로 받으며
묘히 앉아 차를 마신다 간도제

낯살 봐라!
악조건도 해석따라
호조건 된다 간도제

꽃 피는 날만 좋더냐
지는 날도 아름답더라.
24 소재

淸天 하늘에 떠가는
  뭉게구름 한 점
24 소재

훈적 엄마이 떠나는
미소로운 날이여
24 소재

눈으로 보고
先覺으로 보고
몸으로 본다   24세제

티끌에도 法은 있다
心眼을 뜨자   24세제

그 찻잔의 茶에도
一法은 고여있다
                      24세제

구름 청풍 두고
淸風茶를 마시며
                        2h 단제

찔레꽃 향기 속으로
오월은 간다
                        2h 단제

淸水에 몸 씻고
淸風에 맘 씻고
                        2h 단제

水晶 같은 마음으로
앉은듯 없는듯
2개 소제

風磬 소리에 일렁이는
찻물은 말없어도
올리는 禪 문답은 명쾌하다
23 소제

홀로 타는 찻자리에
달빛은 情 사 인양
찻자리에 내려앉네
23 소제

날 깨우는 햇살에 피언
국화꽃 몇 분 따다 차 끓여
함께 드리리
23 도제

말 하는 빈情談 마나
하얀 달빛들
23 도제

향기는 달마중
길을 나서네
23 도제

밝은 사랑으로
아름다워라
23 소래

하늘 그리워
白雲을 뚫고 우뚝선 青山
23 소래

淸天 하늘에 흰구름
홀사의 한가롬ㄴ ㅏ
23 소래

沈黙은

언어의 여백

23 수제

봄볕이 가지끝에 앉으면

반짝 보고파 눈뜨는 새싹

23 수제

흰구름 연자리

淸風만이 휘ー도네

23 수제

만남은 꽃잎에 스치는
여－람결
23 소제

너무 작아 외로운 꽃
올나비 찾는山길
23 소제

만추의 함께찾는
인－발자국 23 소제

내 草堂 처마 끝에
떨어지는 落水 소리
　　　　　23 수제

青松은 淸風으로
常青 三昧中 23 수제

一生事
눈물半 웃음半
　　　　　23 수제

봄! 매마른 풀숲 속에
연초록 새순   25호제

이제는 잊혀져야 할
어제의 꽃송이들의 향연
쉬운 가슴에 내리는 밤비
           25호제

달빛 찮고 가는 나그네
발자욱에   어는 차거운
       달빛   25호제

앗불사! 됐기무네
東山에 달솟으면 찻물
데울걸·· 강누제

깊은밤 窓틈으로 스미는
달빛에 잠들수 없어
강누제

둥실뜬 오름달 장대끝에
걸어놓고 달빛차를 마시네
강누제

새초록 숲속에 카랑한
새 소리 　　　2795세

수줍은 꽃봉에 달빛 내리면
梅花는 살포시 달빛손잡네
　　　　　　　　2505세

님기다리며 밤삯 바느질
기다림에 지친 梅花
한송이 　　　2505세

梅花가 하얗게 피던밤
너 그냥 엎드려
울었네 그냥에

茶 향 속에 피어오르는
淸山의 향기 그냥에

시린빛 하늘이 찻잔에 들면
찻물도 어느덧 하늘
내음새 그냥에

원치 같자 맹세한 인연도
유효 기간이 있더라
25 주제

우리 선택의 기준은
가치관 따라 하게된다
25 주제

행복도 해석에서 온다
24 주제

행복은 조건이 아니다.
　　　　　　　　24 수재

마음이 먼저 ― 가면
행동이 따라 가는것
　　　　　　　　강수재

구름 벗삼는 古梅
梅花 벗삼는 老仙
　　　　　　　　23 수재

가시 밭길 숲이라
외롭고 거칠어도
해들이 차 한잔에 시름 없이라
　　　　　　　　　23 수제

죽음을 알 때
삶의 貴함을 안다
　　　　　　　24 수제

행동되지 않는 진리는
꽃의　　　그림자 일뿐
　　　　　　　24 수제

하루 하루가
내 삶이다.
24 연제

언제 어디서나
내 인생은 내가 주인공
24 연제

삶에 정답이 없기에
삶이 신비롭다 24 연제

남을 시샘하는 자는
이미 열등한 자이다.
24 수제

덜 된 사람은 아직
덜 익은 사람이며
24 수제

만족함을 아는 사람은
이미 부자 이며
24 수제

불평하는 사람은 끝내
벤근한 사람이 다 24 노제

아! 2월
햇들과 바람과 햇살
24 노제

하던기도 멈추고 목마른
자에게 물한잔 내놓아라
24 노제

만나는 이 가슴에 꽃씨를
심자 ———————— 24 늦제

世上을 해석 하는
깊이가 自기의 깊이다
　　　　　　　　24 늦제

삶이 어—려기에
행복함을 안다 24 늦제

탐욕 없는 마음에는
무엇에게도 물들지 않는다
24수제

시류에 휩쓸리지 않고
오직 自己 길 가는사람
24수제

내 안에 주어진 재능 펼치지
못하고 죽는 것은 슬픈 일이다
24수제

지극한 어둠을 건너와
봐야 밝음에 감사한다
　　　　　　　24서제

— 인 정신도
썩는다
　　　　　　　24서제

오월 숲속에
카랑한 山새소리
　　　　　　　24서제

꽃은 因果의 꽃이다
24 太齊

사랑담아 나누는건
작은것도 아름답다
24 太齊

언어 문자에 갇혀
어둠을 깨라
24 太齊

마음 한자락이
운명이 된다 24세

소박함에 만족하면
心身이 편안하다 24세

부끄럽지 않는 삶은
잘사는 삶이다 24세

부정으로 싫은 탑
그것은 모래성 이다 24세

인연을 맺을수록
번뇌는 늘어난다 24세

알았으면
행동하라 24세

道人의 경지 흉내
냈다고 도인이 되랴
강은제

가을달빛 밝아 머리에
흰서리이고, 흔들리는
댓 곧의 춤사위 강은제

그 행복이 재물에만 있다고
생각하고 있는건 아닌지
강은제

향기 날리는
구만리 꽃길 강누제

세월 묶은 백자 항아리에
연홍 梅花 한송이
25누제

나는 오늘도 나의 춘
향기에 잘 산 날이다.
25누제

詩는 自作곡하세

톤 하면
송한줄 모른다 2하세

top이 없는것은
내가 없기 때문이다
                    2하세

自神의 靈性을 밝혀
自己를 구원해야 한다
　　　　　　　　24 (세)

삶은
날마다 추억을 만들고
　　　　러며 산다
　　　　　　　24세

날리는 꽃비속으로
저녁예불 범종이 울고
　　　　　　　24세

가을 달밝아 머리에 힌
서리이고 흔들리는
댓잎의 줌사위 강능제

옛살처럼 소리없이
찾아드는 맑은 靑山香
강능제

돌틈에 뿌리 내려 여리게
피워올린 가냘한 꽃한송이
강능제

맑은 생각은 맑은
가치관에서 나온다
　　　　　　　　　 25 수제

산에 오시려거든 자자의
노래일랑 두고 오시게
　　　　　　　　　 25 수제

달 뜨는 밤이면 찻잔에
달빛 담아 달빛차 마시리
　　　　　　　　　 25 수제

달밤이 銀빛친 펼쳐오며
온다는 기별 아침에도
나흘로 꽃물 데운다
　　　　　　　25 수제

행복이 어─ㄴ디
꽃에만 왔다던가
　　　　　　24 수제

오월이 가고 유월이 왔다
벌써 개자꽃 향기가 온다
　　　　　　24 수제

한다면 살아 있을때
꽃피고 丹楓 드는 세상
　　　누리다 가자　24수제

나 없는 茶室에
梅香만 가득하네
　　　　　23수제

내사!
山처럼 살래 꽃처럼 살래
　　　　　24수제

안개는 丹楓山 종일 품고
23 노래

잠는 靑山에 봄비 내리면
계수는 잠을 깨고 노래부르네
23 노래

행복의 반대말은
타락이다
24 노래

自己 운명은 해석따라
바뀌어 간다
　　　　　그大 6제

눈물도 웃음도
法이다
　　　　　그大 6제

유월 운무속에 콕콕
찜어대는 뻐꾹새 소리
　　　　　그大 6제

꽃을 품고 가는 길엔
발자국마다 꽃향기
　　　　　　　　　구사체

自然에!
선악이 없다
　　　　　　구사체

自然은!
인연 따라 흐른다
　　　　　　　구사체

예술!
그것은 정신의 해방구다
24호제

백합은 민들레를
멸시 하지 않는다
24호제

위험은 언제나,
목속에 숨어있다
24호제

예술을 느끼고 즐기는것이
삶의 궁극적 목표다
24 초제

예술이라고 콕 집어
내보이는것은 예술가의
몫이다
24 초제

예술은 따로어었고
만물이 다 예술이다.
다만 眼目으로 읽는다
24 초제

예술도
해석이다 _24세_

소란한 행복보다
조용한 행복
_24세_

달빛 내린 草堂에
銀빛 풀벌레 소리
_24세_

낡고 닳고 허름해도
가슴을 울리는 아름다움
　　　　　　24 수제

깊은 밤 매화향 그윽한
품에 차 내리는 老仙
　　　　　　24 수제

꽃 모습이 고요하면
흰구름 한점 내려앉네
　　　　　　24 수제

흔들리며 피는 꽃은
향기도 곱다
24송제

밝음을 쫓기는 사람은
늘 밝은 생각을 하는
사람이 다 —— 24송제

내 곁에 있는 모든
것에 감사 하자
24송제

삶은 순간의 연속
24세제

머리로 애왔으면 行動으로 확인하자
24세제

과거도 미래도 현재의 作品
24세제

어떤 '한 잔의 물'맛도 꿀맛에 형수 없다.
— 탈무드

땀흘려 얻은 재물이 아름다운 열 배다.
— 탈무드

습관하는 행동따라 운명이 만들어 진다.
— 탈무드

五感을 낮추면
넉넉하고 여유롭다
　　　　　　　24 セ제

淸山속 깊은 초양에
독서삼매 무아경
　　　　　　　24 セ제

차 들던 손 가만히 멈추고
찻잔에 그이는 하늘
을 보 네
　　　　　　　24 セ제

빼꼼한 窓틈으로
달빛이 찾아든다　24 세제

自由와 책임은 손등과
손바닥 이다　24 세제

진리는 시대를 초월해도
변함이 없다　24 세제

언제나 지금이
행복 할때다
            24세제

모두가 自己 앞에 충실
할때 세상은 아름
답다
            24세제

죽음이 있으므로 삶이
소중하다
            24세제

항상 곁에 있으면
귀한 줄 모른다
24수제)

사람도 되고 지는
꽃이다
자나 혜)

당연한 것에 감사하자
24수제)

눈이 향기로운 유월
내 마음도 어느덧 초록물
들어간다 24 소재

매무새 고쳐 앉아 가다리는
운명인 아 24 소재

시리도록 아름다운 찻자리는
自然 품에서 24 소재

들리는건 계곡물소리
보이는건 靑山 흰구름
　　　　　　24수제

민들레는 백합과 비교하지
않고 자기꽃에 충실한다
　　　　　　24수제

일상에 감사 하면
행복이 되고
　　　　　　24수제

행복으로 가는 길은 감사
라는 곬따라 간다 24세제

행복할줄 아는것도
기술이요 능력이다 24세제

행복과 불행은
해석에서 나온다 24세제

행복은 지극히 주관적이다 — 24 女제

행복은 매 매 할수 있다. 24 女제

행복이란! 신기루 같아 찾아가서 만낼수 어었다. 24 女제

아홉자녀 키워낸
검고 옹이진 노파의손등
　　　　　　24 수제

풀숲 거미줄에 걸린
두른 銀河水
　　　　24수제

나비되어 날고파도
法 그물에 갇히고
　　　　24수제

그 곳에 남 곳에
觀音車 다앟도 곳에
(관 함 런)   24 6제

아름다움이 靈魂을
구원 할 것이다 24 6제

보이는 아름다움 보다
느껴지는 아름다움
                 24 6제

행복에도 급수가
있고 품위가 있다
24혜제

自然은!
肉體가 法이다

행복은 自己 손안에
있다
24혜제

"혼자서도 잘논다 면
그는 행복한 사람.
24세

처마 끝 落水 소리에
泰山도 들썩들썩
23노제

내 靈魂을 꽃물
들이고 살어
23세

― 행복은!
自由 품에 자란다.
　　　　　24수제

― 행복이란,
감사 라는 마음상태다.
　　　　　24수제

― 행복한 삶보다,
아름다운 삶을…
　　　　　24수제

봄밤 梅香에 취하나니
무릉도원이 어디메냐
나에게 물지마라
                    24 수제

꽃은 어둠에 보일 없는데
梅香에 취한몸 가누기
힘겨워라   24수제

찬바람에 몸씨
달빛에 피는 梅花
                24 수제

설혹 이기에 의미없어도
의미를 부여해 살아가는것
이다 ㅡ 24 수제

저 들꽃처럼 의미없이
태어나 의미없이
      논다 24 수제

세상에 의미 없는것은
아무것도 없다.
      24 수제

清貧寒士 초옥 마당에
함초롬히 되는 梅花꽃
　　　　　　　24 (세)

찻잔 속에 되어나는
시린 梅花 향 24 (세)

감사함 속에
행복이 있다 24 (세)

비교하지 않으면
행복이 없다
　　　　　　24 숲제

내 마음에
행복이 있을 뿐이다
　　　　　　24 숲제

행복도 그정되면
행복인줄 모른다
　　　　　　24 숲제

봄이 오는 꺼진 저편에
올로피는 청초한 한송이
24소제

노력이 능력이다
24소제

행운은 노력이
키워올린 꽃이다
24소제

노력 없는
행운은 저주다
24세제

홀수제는
인 최선지이다
24세제

自己에게 아름다운 꽃은
自身의 꽃 피우는 것이다
24세제

화려한 행복보다
소박한 행복이 좋아
　　　　　　　24수제

좋아랑!
아가입에 풍기는 달콤한
정　　　마음 24수제

淸風 벗삼는 古梅
한그루 매화 벗삼아
잠드는　　선 24수제

고운빛 靑梅 한송이
하 고운 찾 잔속에
살포시 내려앉네 24세제

梅花!
첫 새벽에 피어나는
이름 꽃이여 24세제

그 독!
무거운 잿빛 시간이 거미줄에
걸려 미동도 없다
24세제

神은 질서를 따르는 자의 편이다 24 수제

神의 질서는 만고불변! 24 수제

自由! 흩'리는 눈송이처럼 24 수제

448 아포리즘

春風에 見性하고
話頭 풀렸으—니
　　　　　24세제

어음으로 들어앉아
參禪 들어니
　　　　　24세제

안개속 지리梅花
봄비에 젖네
　　　　　24세제

대양 그윽한 山寺

꽃 사랑 배 앓음에 매화 가 지다

꽃 잎 맞 날 렛 을

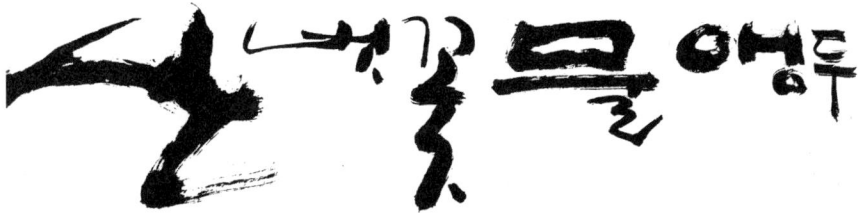

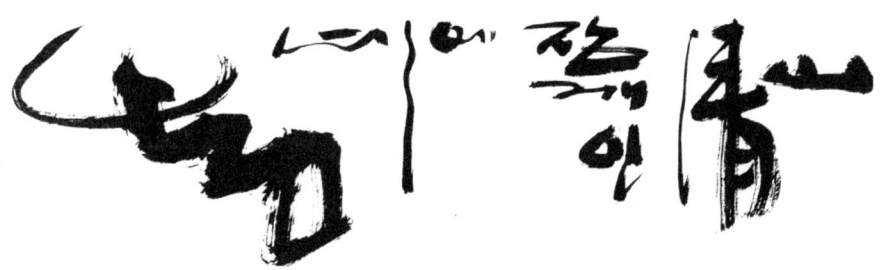

박춘묵 시집

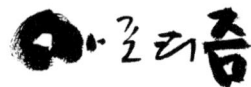

인쇄	2025년 3월 25일
초판1쇄발행	2025년 4월 10일
지은이	박춘묵
펴낸이	전형철
편집	갭
웹디자인	김태완
펴낸곳	갭 - 월간모던포엠출판부
후원	월간모던포엠
주소	서울시 중구 수표로4길 27, 상강빌딩 2층
전화	02-2265-8536
팩스	02-2265-0136
손전화	010-9184-5223
이메일	mopo64@hanmail.net
정가	30,000원

* 작가와의 협의하에 인지는 생략합니다
* 파손 및 잘못된 책은 교환해 드립니다
* 이 책의 저작권은 저자와 갭 모던포엠사에 있습니다